爾雅

〔晉〕郭　璞　注

王世偉　校点

上海古籍出版社

图书在版编目(CIP)数据

尔雅／(晋)郭璞注；王世伟校点.—上海：上
海古籍出版社，2015.2(2017.5重印)
　　(国学典藏)
　　ISBN 978-7-5325-7473-5

　　Ⅰ.①尔… Ⅱ.①郭… ②王… Ⅲ.①《尔雅》—注
释 Ⅳ.①H131.2

中国版本图书馆 CIP 数据核字(2014)第 260641 号

国学典藏

尔雅

[晋]郭璞　注
王世伟　校点

上海世纪出版股份有限公司
上 海 古 籍 出 版 社
出版
(上海瑞金二路 272 号　邮政编码 200020)
(1)网址：www.guji.com.cn
(2)E-mail：guji1@guji.com.cn
(3)易文网网址：www.ewen.co
上海世纪出版股份有限公司发行中心发行经销
江阴金马印刷有限公司印刷

开本 890×1240　1/32　印张 6.75　插页 5　字数 163,000
2015 年 2 月第 1 版　2017 年 5 月第 3 次印刷
印数：5,151—7,250
ISBN 978-7-5325-7473-5

H·123　定价：24.00 元

如有质量问题，请与承印公司联系

前　言

王世伟

　　《尔雅》是中国历史上第一部词典,具有同义词典和百科词典的性质。从《汉书·艺文志》到《四库全书总目》,《尔雅》一直被列在经部,或依于"孝经"类,或附于"论语"类,或列于小学训诂之属,被作为古代教育的文献和学习的工具。晋郭璞《尔雅序》对《尔雅》解古今之义、五经训诂的性质作了明确的阐述:"夫《尔雅》者,所以通训诂之指归,叙诗人之兴咏,摠绝代之离词,辩同实而殊号者也。诚九流之津涉,六艺之钤键,学览者之潭奥,摛翰者之华苑也。若乃可以博物不惑、多识鸟兽草木之名者,莫近于《尔雅》。"

　　关于《尔雅》的作者与成书年代,历来众说纷纭,或谓孔子门人所作,或谓周公所作,或谓秦汉学者纂集。

　　汉代郑玄《驳五经疑义》云:玄之闻也,《尔雅》者,孔子门人所作,以释六艺之旨,盖不误也。

　　魏张揖《上广雅表》云:臣闻昔在周公,缵述唐虞,宗翼文武,克定四海,勤相成王,践阼理政,日昃不食,坐而待旦,德化宣流,越裳俫贡,嘉禾贯桑,六年制礼,以导天下,著《尔雅》一篇,以释其意义。传于后嗣,历载五百,《坟》、《典》散寡,唯《尔雅》恒存。《礼·三朝记》:"哀公曰:'寡人欲学小辩以观于政,其可乎?'孔子曰:'尔雅以观于古,足以辩言矣'。"《春秋元命苞》言:"子夏问夫子,作《春秋》不以初哉首基为始何?"是以知周公所造也。率斯以降,超绝六国,越秦逾楚,爰暨帝刘,鲁人叔孙通撰置《礼记》,文不违古。今俗所传三篇《尔雅》，或言仲尼所增，或言子夏所益，或言叔孙通所补，或言沛郡梁文所考，皆解家所说，先师口传，既无正谳，圣人所言，是故疑不能明也。

晋郭璞《尔雅序》：《尔雅》者，盖兴于中古，隆于汉氏。

唐陆德明《经典释文序录》云：《释诂》一篇，盖周公所作。《释言》以下，或言仲尼所增，子夏所足，叔孙通所益，梁文所补。张揖论之详矣。

宋欧阳修《诗本义》云：《尔雅》非圣人之书，不能无失。考其文理，乃是秦汉之间学《诗》者纂集，说《诗》博士解诂。

清永瑢等撰《四库全书总目》云：郭璞《尔雅注序》称"豹鼠既辨，其业亦显"，邢昺《疏》以为汉武帝时终军事。《七录》载犍为文学《尔雅注》三卷，陆德明《经典释文》以为汉武帝时人，则其书在武帝以前。曹粹中《放斋诗说》曰："《尔雅》，毛公以前，其文犹略，至郑康成时则加详。如'学有缉熙于光明'，毛公云：'光，广也。'康成则以为学于有光明者，而《尔雅》曰：'缉熙，光明也。'又'齐子岂弟'，康成以为犹言发夕也，而《尔雅》曰：'岂弟，发也。''薄言观者'，毛公无训。'振古如兹'，毛公云：'振，自也。'康成则以观为多，以振为古。其说皆本于《尔雅》。使《尔雅》成书在毛公之前，顾得为异哉？则其书在毛亨以后。大抵小学家缀缉旧文，递相增益，周公、孔子，皆依托之词。"

据上所引诸家之说，可证《尔雅》非出自一人之手，也非出于一时之作。周祖谟（1914—1995，字燕孙，北京人）在其《尔雅校笺序》中认为："从这部书的内容看，有解释经传文字的，也有解释先秦子书的，其中还有战国秦汉之间的地理名称。这样看来，《尔雅》这部书大约是战国至西汉之间的学者累积编写而成的。"这一分析和判断，较为符合《尔雅》一书的实际情况。

古代经书流传，多有牴牾之处，究其原因，经文和注疏回互改易是其重要原因。清段玉裁（1735—1815，字若膺，一字懋堂，江苏金坛人）十分赞赏清代校勘学家卢文弨（1717—1795，字召弓，号抱经，浙江仁和人）关于这一文献流传与整理问题的见解，他在《翰林院侍读学士卢公墓志铭》中称赞道："公治经有不可磨之论，其言曰，唐人之为义疏也本单行，不与经注合，单行经注唐以后尚多善本。自宋后附疏于经注，而所附之经注非必孔、贾诸人所据之本也，则两相鉏铻矣。南宋后又附《经典释文》于注疏间，而陆氏所据之经注又非孔、贾诸人所据也，则鉏铻更多矣。浅人必比而同之，则彼此互改，多失其真；幸而有改之不尽以滋其鉏铻，启人考核者。故注疏释文合刻似便而非古法也。"臧庸（1767—1811，初名镛堂，字在东，江苏武进人）在《臧氏宋本尔雅考证》一文中也提到："凡诸经义疏与经注皆别行，南宋以来，欲省两读，始合载之，名之曰兼义。然经注本与义疏往往不同，分之则两全，合之则两伤。"阮元在《尔雅》校勘中也时有"援经改注"的批评。近人黄侃（1886—1935，字季刚，湖北蕲春人）在整理《尔雅》中也指出了类似的问题，他在《尔雅音训》"厓内为隩，外为隈"条下校云："《释文》所据郭注本往往与邢《疏》所据本不同，故经字颇多岐异。""不知郭之为注，不举经字者甚多。""《释文》所举注文，亦与邢所据不同。""是知郭注至宋时已有脱落。又释文中有后人校语，亦可于此明白剖出矣。"因此，在经书的整理中，要达到校勘的求旧、求真、求是的目的，就应当遵循清代校勘学家顾广圻（1766—1835，字千里，号涧蘋，自号思适居士，江苏元和人）"书必以不校校之"的理念与方法，力求保留经注等文献的原貌。

为《尔雅》作注者，代不乏人。据《隋书·经籍志》、《旧唐书·经籍志》、《新唐书·艺文志》、《经典释文序录》等文献记载，在唐以前，晋郭璞注前后，有犍为文学、刘歆、樊光、李巡、孙炎等注，另有沈旋集注，还有江灌、曹宪、施干、谢峤、顾野王等撰音。而晋代郭璞的《尔雅注》成为历史上最著名，也是最具影响的注本。唐陆德明《尔雅音义》即以郭注为本，"先儒多为亿必之说，乖盖阙之义，唯郭景纯洽闻强识，详悉古今，作《尔雅注》，为世所重，今依郭本为正。"永瑢等整理《四库全书》，于《尔雅注疏》十一卷提要云："璞时去汉未远……所见尚多古本，故所注多可据。后人虽迭为补正，然宏纲大旨，终不出其范围。"郭氏除撰有《尔雅注》之外，别撰《尔雅音义》、《尔雅图谱》。郭璞《尔雅序》云："别为《音》、《图》，用启未寤。"《晋书·郭璞传》云："别为《音义》、《图谱》。"《隋书·经籍志》也有相类的记载。

唐陆德明撰有《经典释文》，中有《尔雅音义》上下二卷，或名之《尔雅释文》。陆氏于《经典释文序录》中，对《尔雅》的条例、次第、注解、传述人多所论述；于《尔雅》音义，或辨字体、注字音，或存旧注、援书证，或举异文、定是非，成为研究《尔雅》的重要文献。

《宋史·艺文志》载："邢昺《尔雅疏》十卷。"清谢启昆《小学考》认为此书已亡佚，《四库全书总目》也曾提出疑问："岂其初疏与注别行欤，今未见原刻，不可复考矣。"可见《尔雅》单疏本在清代已十分罕见。对于邢《疏》，后人褒贬不一，而以贬者居多。如清邵晋涵云："邢氏《疏》成于宋初，多掇拾《毛诗正义》，掩为已说。间采《尚书》、《礼记正义》，复多阙略。南宋人已不满其书，后取列诸经之疏，聊取备数而已。"然这样的批评不够公允。邢《疏》虽有不足，然添列《十三经注疏》，自有其本身的价值。邢《疏》疏释考事，必以经籍为宗，理义所铨，则以景纯为主。其援引书证，皆非今人所及睹，而其补注阙略，发凡起例，于《尔雅》不无益处，成为唐以后研究《尔雅》的重要文献。"然疏家之体，惟以本注，注所未及，不复旁搜。此亦唐以来之通弊，不能独责于昺。"《四库全书总目》的这一评价，较为实事求是。

在唐以后，另有五代孙炎的《尔雅疏》，蜀毋昭裔的《尔雅音略》，宋高琏的《尔雅疏》、陆佃的《尔雅新义》、郑樵的《尔雅注》和罗愿的

《尔雅翼》等，但有的已经亡佚，与清代的《尔雅》研究文献相比，后者影响更大。

　　清代雅学大兴，《尔雅》研究著作层出不穷，其中最著名的是邵晋涵（1743—1796，字与桐，号二云，又号南江，浙江余姚人）的《尔雅正义》二十卷和郝懿行（1755—1823，字恂九，号兰皋，山东栖霞人）的《尔雅义疏》二十卷。

　　邵晋涵对郭璞注十分推崇，他认为"唯郭景纯明于古文，研核小学，择撢群艺，博综旧闻，为《尔雅》作注，援据经传以明故训之隐滞，旁采谣谚以通古今之异言，制度则准诸礼经，薮泽则测其地望，诠度物类多得之目验，故能详其形声，辩其名实，词约而义博，事核而旨远，盖旧时诸家之注，未能或先之也。"邵《疏》的特点，一为增校郭注，所谓"爰据唐石经暨宋椠本及诸书所征引者审定经文，增校郭注"；二为绎彰词义，所谓"仿唐人正义，绎其义蕴，彰其隐赜。窃以释经之体事，必择善而从，义非一端可尽"；三为博通旨趣，所谓"今以郭氏为主，无妨兼采诸家，分疏于下，用俟辩章，譬川流而汇其支渎，非木落而离其本根也"；四为留存古义，所谓"会粹群书，尚存梗概，取证雅训，辞意了然。其迹涉疑似，仍阙而不论，确有据者，补所未备。附尺壤于崇邱，勉千虑之一得，所以存古义也"；五为增广古训，所谓"俾知训词近正，原于制字之初，成于明备之世，久而不坠，远有端绪，六艺之文，曾无隔阂，所以广古训也"；六为留存古音，所谓"今取声近之字，旁推交通，申明其说，因是以阐扬古训，辨识古文，远可依类以推，近可举隅而反，所以存古音也"。黄侃认为："清世说《尔雅》者如林，而规模法度，大抵不能出邵氏之外。"

　　郝懿行的《尔雅义疏》被认为是《尔雅》研究的集大成者，收采最为丰富，注释也最为详尽。清人宋翔凤在《尔雅义疏序》中对郝《疏》给予了很高的评价："乾隆间，邵二云学士作《尔雅正义》，翟晴江进士作《尔雅补郭》，然后郭注未详未闻之说，皆可疏通证明，然犹未至于旁皇周浃、穷深极远也。迨嘉庆间栖霞郝户部兰皋先生之《尔雅义疏》最后成书，其时南北学者知求于古字古言，于是通贯融会谐声、转注、假借，引端竟委，触类旁通，豁然尽见。且荟萃古今一字之异，一义之偏，罔不搜罗，分别是非，必及根原，鲜逞胸肊，盖此书之大成，陵康跞宋、追秦汉而明周孔者也。"

从《尔雅》的版本校勘而言，清代阮元的《尔雅注疏校勘记》六卷在广罗众本、校勘异同方面多胜于前贤。《尔雅》自汉代流传以来，经注疏三者皆讹舛日多，俗间流传的版本错误不少，阮元搜访旧本，皆极可贵，授武进监生臧庸取以正俗本之失，条其异同，纤悉毕备。元复定其是非，为《尔雅注疏校勘记》六卷（上中下三卷，各分上下卷），后之读是经者，于此不无津梁之益。其引据各本有：单经本有唐石经《尔雅》三卷、清石经考文提要《尔雅》一卷；经注本有明吴元恭仿宋刻《尔雅经注》三卷、元椠雪窗书院《尔雅经注》三卷；单疏本有宋椠《尔雅疏》十卷；注疏本有元椠《尔雅注疏》十一卷、明闽本《尔雅注疏》十一卷、明监本《尔雅注疏》十一卷、明汲古阁毛本《尔雅注疏》十一卷、清浦镗《尔雅疏正误》三卷、清惠栋《尔雅注疏校本》十一卷、清卢文弨《尔雅注疏校本》十一卷；《经典释文》有明叶林宗影抄宋本《经典释文》二卷、清卢文弨《尔雅音义考证》二卷。然阮元未睹宋刊十行本、宋刊监本，也未睹后传至中国的日本藏覆影宋蜀大字本，为阮校之遗憾处。

今人周祖谟《尔雅校笺》，以《天禄琳琅丛书》所收宋刊监本为底本，据影覆宋蜀大字本、宋刊十行本、敦煌石室所出唐写本残卷、原本《玉篇》、慧琳《一切经音义》、日本所印多种类书字书，以及阮元《尔雅注疏校勘记》和王树枏《尔雅郭注佚存订补》，所参考的书籍有三十馀种，于《尔雅》经注多所校正，为清代之后《尔雅》校勘的新成果。

《尔雅》单注本，存世宋刻本有《古逸丛书》所收影覆宋蜀大字本，

《天禄琳琅丛书》所收宋刊监本,铁琴铜剑楼旧藏宋刊十行本。其中影覆宋蜀大字本被认为是《尔雅》单注存世最古者,然此版或避清讳,疑为影覆者所为,已非全为宋时原貌。影覆宋蜀大字本与宋刊监本文字相同处颇多,用宋刊十行本与这两种宋版对校多所异同。宋刊十行本避讳至构字止,据此可断其为宋南渡初年的刻本。其字体肃穆,亦雅近北宋。宋刊十行本曾收藏于清代藏书家汪阆源处,后归瞿镛铁琴铜剑楼。此版卷末有清代校勘学家顾千里题跋:"道光甲申春仲,从艺芸书舍借来,细勘一过,知其佳处,洵非以后诸刻所能及也。思适居士顾千里记。""异日当并单本邢《疏》再勘,三月朔又记。"宋刊十行本经注文字多与六朝写本、唐写本、唐石经、经典释文、单疏本契符者,明吴元恭本等均以之为祖本,据之可考版本源流。宋以后单注本较著者有元槧雪窗书院本和明吴元恭本。

关于《尔雅》校点,有几点说明:

1. 关于校点的底本与校本。古书刊刻流传版本众多,现选择有代表性的版本作为底本和校本:以中国国家图书馆藏宋刻十行本为底本(统称宋刊十行本),以中国国家图书馆藏宋刻《经典释文》所收《尔雅音义》(简称宋刊《释文》)、中国国家图书馆藏宋刻宋元明初递修公文纸印单疏本(简称宋刊单疏本)、《古逸丛书》所收影覆宋蜀大字本(简称影宋蜀大字本)、《天禄琳琅丛书》所收宋刻监本(统称宋刊监本)、元槧雪窗书院本(简称雪窗本)、明吴元恭本(简称吴元恭本)、清阮元十三经注疏中的《尔雅注疏校勘记》(简称阮元《校勘记》)为主要对校之本,以显纲举目张、精要简约之旨。凡宋刊十行本中的讹误,不轻改原文,别撰校记予以说明,以存原书面貌;对于主要对校本之外的其他版本的错讹衍脱,一般不出校,以省篇幅。

2. 关于校记。本校点本主旨是提供《尔雅》经注善本原文,非汇校本,故仅选择上海古籍出版社2010年10月出版的《尔雅注疏》点校本中的部分校记,所引以代表性的校勘成果和传世文献为主,如唐陆德明的《经典释文》、宋邢昺的《尔雅疏》(简称邢《疏》)、清邵晋涵《尔雅正义》(简称邵《疏》)、清郝懿行《尔雅义疏》(简称郝《疏》)、清阮元《校勘记》、今人周祖谟《尔雅校笺》以及一些未刊校稿本等为校勘之资,众多相涉文献不竭泽而渔——引用。

3. 关于引用的前人校勘成果。本校点本以一些珍稀的校本、稿本为校勘之资,如《尔雅注疏》十一卷,清刁戴高(?—1756,字共辰,号约山,浙江慈溪人)校注,清乾隆十年(1745)三乐斋刻本;《尔雅正义》二十卷,清张敦仁(1754—1834,字古馀,一作古愚,阳城人)批校,乾隆戊申(1788)馀姚邵氏家塾刊本;《尔雅正义》二十卷,清顾观光(1799—1862,字宾王,号尚之,金山人)批校,乾隆戊申(1788)馀姚邵氏家塾刊本(又名《顾尚之先生眉批尔雅正义》);《尔雅汉学证义》二卷,清陶方琦(1845—1884,字子珍,浙江会稽人)撰,孙同康(1867—1935,更名雄,字师郑,号郑斋,昭文人)补,清光绪丁亥(1887)未刊稿本等,以彰现前人校勘成果。

4. 关于经注引用文献的标点。本校点本对《尔雅》经文和郭注分别标点,以方便阅研。凡所加标点,力求符合原书本意。经文和郭注引书甚多,校点时分别核对原文,如果引用文献为原文,则加冒号和书引号;如果是约引或所引文献已佚,则仅加冒号,以示区别。

5. 关于经注各卷文字的分段。本校点本的经注内容分卷分段,参照上海古籍出版社2010年10月出版的《尔雅注疏》点校本中的经注文字。

这次单注本点校,改正了上海古籍出版社2010年10月版《尔雅注疏》中一些排版和标点的疏失。

刁戴高《尔雅注疏》序中谓:"义门先生有云,童子五六岁时勿予他书，读便须授以《尔雅》。一则句读易于成诵；一则自幼熟此，后日读经史可省读注，此者诚训蒙之良法，毓养读书种子之根柢也。"则《尔雅》一书的校勘整理及其学习研读，其意义可谓大矣。

2014年11月
于上海清水湾

目　录

卷第一

释诂第一①

①释诂第一，音古，又音故，樊光、李巡本作故。《说文》云："诂，故言也。"《字林》同。张揖《杂字》云：诂者，古今之异语也。

初、哉、首、基、肇、祖、元、胎、俶、落、权舆，始也。①

①《尚书》曰："三月哉生魄。"《诗》曰："令终有俶。"又曰："俶载南亩。"又曰："访予落止。"又曰："胡不承权舆。"胚胎未成，亦物之始也。其馀皆义之常行者耳。此所以释古今之异言，通方俗之殊语。

林、烝、天、帝、皇、王、后、辟、公、侯，君也。①

①《诗》曰："有壬有林。"又曰："文王烝哉。"其馀义皆通见《诗》、《书》。

弘、廓、〔一〕宏、溥、介、纯、夏、幠、庞、坟、嘏、丕、弈、洪、诞、戎、骏、假、京、硕、濯、訏、宇、穹、壬、路、淫、甫、景、废、壮、冢、简、剀、昄、晊、将、业、席，大也。①

①《诗》曰："我受命溥将。"又曰："乱如此幠"，"为下国骏庞"，"汤孙奏假"，"王公伊濯"，"訏谟定命"，"有壬有林"，"厥声载路"，"既有淫威"，"废为残贼"，"尔土宇昄章"，"缁衣之席兮"。廓落、宇宙、穹隆、至极，亦为大也。剀义未闻。《尸子》曰："此皆大，有十馀名而同一

实。"

嫀、厖，有也。①
①二者又为有也。《诗》曰："遂嫀大东。"

迄、臻、极、到、赴、来、吊、艐、格、戾、怀、摧、詹，至也。①
①齐、楚之会郊曰怀，宋曰届。《诗》曰："先祖于摧。"又曰："六日不詹。"詹、摧皆楚语，《方言》云。

如、适、之、嫁、徂、逝，往也。①
①《方言》云："自家而出谓之嫁，犹女出为嫁。"

贲、贡、锡、畀、予、贶，赐也。①
①皆赐与也。

仪、若、祥、淑、鲜、省、臧、嘉、令、类、緂、敤、攻、穀、介、徽，善也。①
①《诗》曰："仪刑文王。"《左传》曰：禁御不若。《诗》曰："永锡尔类"，"我车既攻"，"介人维藩"，"大姒嗣徽音"。省、緂、敤，未详其义。馀皆常语。

舒、业、顺，叙也。①舒、业、顺、叙，绪也。②
①皆谓次叙。
②四者又为端绪。

怡、怿、〔二〕悦、欣、衎、喜、愉、豫、恺、康、妩、般，乐也。①
①皆见《诗》。

悦、怿、愉、释、宾、协，服也。①〔三〕
①皆谓喜而服从。

遹、遵、率、循、由、从，自也。①遹、遵、率，循也。②
①自犹从也。
②三者又为循行。

靖、惟、漠、图、询、度、咨、诹、究、如、虑、谟、猷、
肇、基、访，谋也。①
①《国语》曰："询于八虞，咨于二虢，度于闳夭，谋于南宫，诹于蔡、
原，访于辛、尹。"通谓谋议耳。如、肇所未详，馀皆见《诗》。

典、彝、法、则、刑、范、矩、庸、恒、律、戞、职、秩，
常也。①
①庸、戞、职、秩，义见《诗》、《书》，馀皆谓常法耳。

柯、宪、刑、范、辟、律、矩、则，法也。①
①《诗》曰："伐柯伐柯，其则不远。"《论语》曰："不逾矩。"

辜、辟、戾，辠也。①
①皆刑罪。

黄发、齯齿、鲐背、耇、老，寿也。①
①黄发，发落更生黄者。齯齿，齿堕更生细者。鲐背，背皮如鲐鱼。

耇，犹耇也。皆寿考之通称。

允、孚、亶、展、谌、诚、亮、询，信也。①
①《方言》曰：荆、吴、淮、汭之间曰展，燕、岱东齐曰谌，宋、卫曰询。亦皆见《诗》。

展、谌、允、慎、亶，诚也。①
①转相训也。《诗》曰："慎尔优游。"

谑、浪、笑、敖，戏谑也。①
①谓调戏也，见《诗》。

粤、于、爰，曰也。①爰、粤，于也。②
①《书》曰："土爰稼穑。"《诗》曰："对越在天"，"王于出征"。
②转相训。

爰、粤、于、那、都、繇，於也。①
①《左传》曰："弃甲则那。"那犹今人云那那也。《书》曰："皋陶曰：都。"繇，辞。於，乎。皆语之韵绝。

敁、郃、盍、翕、仇、偶、妃、匹、会，合也。①
①皆谓对合也。

仇、雠、敌、妃、知、仪，匹也。①
①《诗》云："君子好仇"，"乐子之无知"，"实维我仪"。《国语》亦云："丹朱凭身以仪之。"雠犹俦也。《广雅》云："雠，辈也。"

妃、合、会，对也。①妃，媲也。②

①皆相当对。

②相偶媲也。

绍、胤、嗣、续、纂、緌、绩、武、系，继也。①

①《诗》曰："下武维周。"緌见《释水》，馀皆常语。

忥、谧、溢、蛰、慎、貉、谧、顗、頠、密、宁，静也。①

①忥、顗、頠，未闻其义，馀皆见《诗传》。

陨、磒、湮、下、降、坠、摽、蘦，落也。①

①磒犹陨也，方俗语有轻重耳。湮，沉落也。摽、蘦见《诗》。

命、令、禧、畛、祈、请、谒、讯、诰，告也。①

①禧，未闻。《礼记》曰："畛于鬼神。"

永、悠、迥、违、遐、逷、阔，远也。①永悠迥远，逷也。②

①《书》曰："逷矣，西土之人！"

②逷亦远也，转相训。

亏、坏、圮、垝，毁也。①

①《书》曰："方命圮族。"《诗》曰："乘彼垝垣。"亏，通语耳。

矢、雉、引、延、顺、荐、刘、绎、尸、旅，陈也。①

①《礼记》曰："尸，陈也。"雉、顺、刘，皆未详。

尸、职，主也。①

①《左传》曰："杀老牛，莫之敢尸。"《诗》曰："谁其尸之。"又曰："职为乱阶。"

尸，寀也。①寀、寮，官也。②

①谓寀地。

②官地为寀，同官为寮。

绩、绪、采、业、服、宜、贯、公，事也。①

①《论语》曰："仍旧贯。"馀皆见《诗》、《书》。

永、羕、引、延、融、骏，长也。①

①宋、卫、荆、吴之间曰融。羕所未详。

乔、嵩、崇，高也。①崇，充也。②

①皆高大貌。《左传》曰："师叔，楚之崇也。"

②亦为充盛。

犯、奢、果、毅、克、捷、功、肩、堪，胜也。①

①陵犯、夸奢、果毅，皆得胜也。《左传》曰："杀敌为果。"肩，即克耳。《书》曰："西伯堪黎。"

胜、肩、戡、刘、杀，克也。①

①转相训耳。《公羊传》曰："克之者何？杀之也。"

刘、獮、斩、刺，杀也。①

①《书》曰："咸刘厥敌。"秋猎为獮，应杀气也。《公羊传》曰："刺

之者何? 杀之也。"

亹亹、蠠没、孟、敦、勖、钊、茂、劭、勔,勉也。①

①《诗》曰:"亹亹文王。"蠠没,犹黾勉。《书》曰:"茂哉茂哉。"《方言》云: 周、郑之间相劝勉为勔。钊、孟未闻。

骛、务、昏、暋,强也。①

①驰骛事务,皆自勉强。《书》曰:"不昏作劳","暋不畏死"。

校勘记

〔一〕廓:《说文》卷十一雨部:"霩,雨止云罢皃。从雨,郭声。臣铉等曰,今别作廓,非是。"

〔二〕怡怿: 周祖谟《尔雅校笺》云:"玄应《音义》卷一引'《尔雅》:怡、怿,乐也。注曰: 怡,心之乐也; 怿,意解之乐也'。所引注文今本无。"

〔三〕协服也:"协",宋刊《释文》、影宋蜀大字本、宋刊监本、宋刊单疏本同,雪窗本、吴元恭本字从心字旁作恊。阮元《校勘记》云:"按,《说文》恊,同心之和; 协,众之同和也。此诂服,当用从十字。……按,古文作叶,则从十者义长。"

卷第二

释诂下

卬、吾、台、予、朕、身、甫、余、言，我也。①
①卬犹姎也，语之转耳。《书》曰："非台小子。"古者贵贱皆自称朕。
《礼记》云："授政任功，曰予一人"、"畛于鬼神，曰有某甫"，言见《诗》。

朕、余、躬，身也。①
①今人亦自呼为身。

台、朕、赉、畀、卜、阳，予也。①
①赉、卜、畀，皆赐与也。与犹予也，因通其名耳。《鲁诗》云："阳如
之何。"今巴、濮之人自呼阿阳。

肃、延、诱、荐、餤、晋、寅、荩，进也。①
①《礼记》曰："主人肃客。"《诗》曰："乱是用餤"，"王之荩臣"。
《易》曰："晋，进也。"寅，未详。

羞、饯、迪、烝，进也。①
①皆见《诗》、《礼》。

诏、亮、左、右、相，导也。①诏、相、导、左、右、助，
勴也。②亮、介、尚，右也。③左、右，亮也。④
①皆谓教导之。

②勴谓赞勉。

③绍介、劝尚，皆相佑助。

④反覆相训，以尽其义。

缉、熙、烈、显、昭、皓、颎，光也。①

①《诗》曰："学有缉熙于光明。"又曰："休有烈光。"

劼、鞏、坚、笃、掔、虔、胶，固也。①

①劼、虔，皆见《诗》、《书》。《易》曰："鞏用黄牛之革。"固志也。掔然亦牢固之意。

畴、孰，谁也。①

①《易》曰："畴离祉。"

旺旺、皇皇、藐藐、穆穆、休、嘉、珍、禕、〔一〕懿、铄，美也。①

①自"穆穆"已上，皆美盛之貌，其馀常语。

谐、辑、协，和也。①〔二〕关关嚶嚶，音声和也。②勰、燮，和也。③

①《书》曰："八音克谐。"《左传》曰："百姓辑睦。"

②皆鸟鸣相和。

③《书》曰："燮友柔克。"

从、申、神、加、弼、崇，重也。①

①随从、弼辅、增崇，皆所以为重叠。神，所未详。

殷、悉、卒、泯、忽、灭、罄、空、毕、殚、殄、拔、殄，
尽也。①
①殷，今直语耳。忽然，尽貌。今江东呼厌极为罄。馀皆见《诗》。

苞、芜、茂，丰也。①
①苞丛、繁芜，皆丰盛。

摰、敛、屈、收、戢、搜、哀、鸠、楼，聚也。①
①《礼记》曰："秋之言摰，摰，敛也。"春猎为搜。搜者，以其聚人众
也。《诗》曰："屈此群丑"，"原隰哀矣"。《左传》曰："以鸠其民。"楼，犹
今言拘楼，聚也。〔三〕

肃、齐、遄、速、亟、屡、数、迅，疾也。①
①《诗》曰："仲山甫徂齐。"

悭、骏、肃、亟、遄，速也。①
①《诗》曰："不悭故也。"骏犹迅，速亦疾也。

壑、阬阬、滕、徵、隍、漮，虚也。①
①壑，谿壑也。阬阬谓阬塱也。隍，城池无水者。《方言》云：漮之言
空也。皆谓丘墟耳。滕、徵，未详。

黎、庶、烝、多、丑、师、旅，众也。①
①皆见《诗》。

洋、观、哀、众、那，多也。①
①《诗》曰："薄言观者。"又曰："受福不那。"洋溢，亦多貌。

流、差、柬，择也。①
①皆选择，见《诗》。

战、栗、震、惊、戁、竦、恐、慴，惧也。①
①《诗》曰："不戁不竦。"慴即慑也。

痡、瘏、虺颓、玄黄、劬劳、咎、悴、瘅、瘼、鳏、戮、
瘼、癠、瘅、痒、疷、疵、闵、逐、疚、痗、瘥、痱、瘅、瘵、
瘼、瘠，病也。①
①虺颓、玄黄，皆人病之通名，而说者便为之马病，〔四〕失其义也。
《诗》曰："生我劬劳。"《书》曰："智藏瘝在。"相戮辱亦可耻病也。今江
东呼病曰瘵，东齐曰瘼。《礼记》曰："亲瘠，色容不盛。"戮、逐，未详。馀
皆见《诗》。

恙、写、悝、盱、繇、惨、恤、罹，忧也。①
①今人云无恙谓无忧也。写，有忧者思散写也。《诗》曰："悠悠我
悝"，"云何盱矣"。繇役亦为忧愁也。

伦、勚、邛、敕、勤、愉、庸、瘅，劳也。①
①《诗》曰："莫知我勚"，"维王之邛"，"哀我瘅人"。《国语》曰：
"无功庸者。"伦理事务以相约敕，亦为劳，劳苦者多惰愉，今字或作窳，
同。

劳、来、强、事、谓、翦、篲，勤也。①
①《诗》曰："职劳不来。"自勉强者，亦勤力者，由事事故为勤也。
《诗》曰："追其谓之。"翦、篲，未详。

悠、伤、忧，思也。①
①皆感思也。

怀、惟、虑、愿、念、惄，思也。①
①《诗》曰："惄如调饥。"惄，乃历反。如调，竹留反。《毛诗传》云："朝也。"

禄、祉、履、戬、被、禧、禠、祜，福也。①
①《诗》曰："福履绥之"，"俾尔戬谷"，"被禄康矣"。禠、禧，《书传》不见，其义未详。

禋、祀、祠、蒸、尝、禴，祭也。①
①《书》曰："禋于六宗。"馀者皆以为四时祭名也。

俨、恪、祇、翼、諲、恭、钦、寅、熯，敬也。①
①俨然，敬貌。〔五〕《书》曰："夙夜惟寅。"《诗》曰："我孔熯矣。"諲，未详。

朝、旦、夙、晨、晙，早也。①
①晙亦明也。

颐、竢、替、戾、厎、止、徯，待也。①
①《书》曰："徯我后。"今河北人语亦然。替、戾、厎者，皆止也，止亦相待。

嘀、几、烖、殆，危也。①
①几犹殆也。嘀、烖，未详。

讥，汽也。①
①谓相摩近。

治、肆、古，故也。①
①治，未详。肆、古，见《诗》、《书》。

肆、故，今也。①
①肆既为故，又为今，今亦为故，故亦为今，此义相反而兼通者，事例在下，而皆见《诗》。

惇、亶、祜、笃、掔、仍、肶、埤、竺、腹，厚也。①
①频仍、埤益、肶辅，皆重厚。掔然，厚貌。馀皆见《诗》、《书》。

载、谖、食、诈，伪也。①
①载者，言而不信。谖者，谋而不忠。《书》曰："朕不食言。"

话、猷、载、行、讹，言也。①
①《诗》曰："慎尔出话。"猷者，道；道，亦言也。《周礼》曰："作盟诅之载。"今江东通谓语为行，世以妖言为讹。

遘、逢，遇也。①遘、逢、遇，遻也。②遘、逢、遇、遻，见也。③
①谓相遭遇。
②转复为相触遻。
③行而相值即见。

显、昭、觐、钊、觌，见也。①

①显、昭,明见也。《逸书》曰:"钊我周王。"

监、瞻、临、涖、頫、相,视也。①
①皆谓察视也。

鞠、讻、溢,盈也。①
①《诗》曰:"降此鞠讻。"

孔、魄、哉、延、虚、无、之、言,间也。①
①孔穴、延、魄、虚、无,皆有间隙。馀未详。

瘗、幽、隐、匿、蔽、窜,微也。①
①微谓逃藏也。《左传》曰:"其徒微之。"是也。

讫、徽、妥、怀、安、按、替、戻、底、底、〔六〕尼、定、
曷、遏,止也。①
①妥者,坐也。怀者,至也。按,抑按也。替、废,皆止住也。戻、底,
义见《诗传》。《国语》曰:"戻久将底。"《孟子》曰:"行或尼之。"今以逆
相止为遏。徽,未详。

豫、射,厌也。①
①《诗》曰:"服之无斁。"豫,未详。

烈、绩,业也。①
①谓功业也。

绩、勋,功也。①

①谓功劳也。

功、绩、质、登、平、明、考、就，成也。①
①功、绩，皆有成。《诗》曰："质尔民人。"《礼记》曰："年穀不登。"
《穀梁传》曰："平者，成也。"事有分明，亦成济也。

梐、梗、较、颋、庭、道，直也。①
①梐、梗、较、颋，皆正直也。《诗》曰："既庭且硕。"颋、道，无所
屈。

密、康，静也。①
①皆安静也。

豫、宁、绥、康、柔，安也。①
①皆见《诗》、《书》。

平、均、夷、弟，易也。①
①皆谓易直。

矢，弛也。①弛，易也。②
①弛放。
②相延易。

希、寡、鲜，罕也。①鲜，寡也。②
①罕亦希也。
②谓少。

酬、酢、侑，报也。①

①此通谓相报答，不主于饮酒。

毗刘，暴乐也。①

①谓树木叶缺落，荫疏暴乐，见《诗》。

觏蓁，茀离也。①

①谓草木之丛茸翳荟也。茀离，即弥离；弥离，犹蒙茏耳。孙叔然字别为义，失矣。

蛊、謟、貳，疑也。①

①蛊惑有貳心者，皆疑也。《左传》曰："天命不謟。"音縚。

桢、〔七〕翰、仪，榦也。①

①《诗》曰："维周之翰。"仪表亦体榦。

弼、棐、辅、比，俌也。①

①《书》曰："天畏棐忱。"《易》曰："比，辅也。"俌，犹辅也。

疆、界、边、卫、圉，垂也。①

①疆场、竟界、边旁、营卫、守圉，皆在外垂也。《左传》曰："聊以固吾圉也。"

昌、敌、彊、应、丁，当也。①

①《书》曰："禹拜昌言。"彊者，好与物相当值。

浡、肩、摇、动、蠢、迪、俶、厉，作也。①

①浮然，兴作貌。蠢，动作。《公羊传》曰："俶，甚也。"《穀梁传》曰："始厉乐矣。"肩，见《书》。迪，未详。

兹、斯、咨、呰、已，此也。①
①呰、已，皆方俗异语。

嗟、咨，蹉也。①
①今河北人云蹉叹，音兔罝。

闲、狎、串、〔八〕贯，习也。①
①串，厌串。贯，贯忕也。今俗语皆然。

曩、尘、伫、淹、留，久也。①
①尘垢、伫企、淹滞，皆稽久。

逮、及、暨，与也。①
①《公羊传》曰："会及暨皆与也。"逮亦及也。

鹜、假、格、陟、跻、登，陞也。①
①《方言》曰：鲁、卫之间曰鹜，梁、益曰格。《礼记》曰："天王登遐。"《公羊传》曰："跻者何？陞也。"

挥、盝、歇、涸，竭也。①
①《月令》曰："无漉陂池。"《国语》曰："水涸而成梁。"挥振去水亦为竭。歇，通语。

揾、拭、刷，清也。①

①振讯、扐拭、扫刷,皆所以为絜清。

鸿、昏、于、显、间,代也。①
①鸿雁知运代,昏主代明,明亦代昏。显,即明也。间错亦相代,于义未详。

馌、饟,馈也。①
①《国语》曰:"其妻馌之。"

迁、运,徙也。①
①今江东通言迁徙。

秉、拱,执也。①
①两手持为拱。

歔、熙,兴也。①
①《书》曰:"庶绩咸熙。"歔,见《周官》。

卫、蹶、假,嘉也。①
①《诗序》曰:"《假乐》,嘉成王也。"馀未详。

废税、赦,舍也。①
①《诗》曰:"召伯所税。"舍,放置。

栖迟、憩、休、苦、〔九〕叔、鬻、呬,息也。①
①栖迟,游息也。苦劳者,宜止息。憩,见《诗》。叔、鬻、呬,皆气息貌。今东齐呼息为呬也。

供、峙、共，具也。①
①皆谓备具。

惟、怜、惠，爱也。①
①惟，韩、郑语。今江东通呼为怜。

娠、蠢、震、戁、妯、骚、感、讹、蹶，动也。①
①娠，犹震也。《诗》曰："忧心且妯"，"无感我帨兮"，"或寝或讹"。蠢、戁、骚、蹶，皆摇动貌。

覆、察、副，审也。①
①覆校、察视、副长，皆所为审谛。

契、灭、殄，绝也。①
①今江东呼刻断物为契断。

郡、臻、仍、逎、侯，乃也。①
①逎，即乃。馀未详。

迪、繇、训，道也。①
①义皆见《诗》、《书》。

佥、咸、胥，皆也。①
①东齐曰胥，见《方言》。

育、孟、耆、艾、正、伯，长也。①
①育养亦为长。正、伯，皆官长。

艾，历也。①

①长者多更历。

历、秭、算，数也。①

①历，历数也。今以十亿为秭。〔一〇〕《论语》云："何足算也。"

历，傅也。①

①傅，近。

艾、历、觌、胥，相也。①

①觌，谓相视也。《公羊传》曰："胥盟者何？相盟也。"艾、历，未详。

乂、乱、靖、神、弗、淈，治也。①

①《论语》曰："予有乱臣十人。"淈，《书序》作汩，音同耳。神，未详。馀并见《诗》、《书》。

颐、艾、育，养也。①

①汝、颍、梁、宋之间曰艾，《方言》云。

汱、浑、陨，坠也。①

①汱、浑，皆水落貌。〔一一〕

际、接、翜，捷也。①

①捷谓相接续也。

毖、神、溢，慎也。①

①神，未详。馀见《诗》、《书》。

郁陶、繇，喜也。①
①《孟子》曰："郁陶思君。"《礼记》曰："人喜则斯陶，陶斯咏，咏斯犹，犹即繇也。"古今字耳。

馘、穧，获也。①
①今以获贼耳为馘，获禾为穧。并见《诗》。

阻、艰，难也。①
①皆险难。

剡、砮，利也。①
①《诗》曰："以我剡耜。"

允、任、壬，佞也。①
①《书》曰："而难任人。"允信者，佞人似信。壬犹任也。

俾、拼、抨，使也。①**俾、拼、抨、使，从也。**②
①皆谓使令，见《诗》。
②四者又为随从。

儴、仍，因也。①
①皆谓因缘。

董、督，正也。①

①皆谓御正。

享，孝也。①
①享祀，孝道。

珍、享，献也。①
①珍物宜献。《穀梁传》曰："诸侯不享觐。"

纵、缩，乱也。①
①纵放、掣缩，皆乱法也。

探、篡、俘，取也。①
①《书》曰："俘厥宝玉。"篡者，夺取也。探者，摸取也。

徂、在，存也。①
①以徂为存，犹以乱为治，以曩为曏，以故为今，此皆诂训，义有反覆旁通，美恶不嫌同名。

在、存、省、士，察也。①
①《书》曰："在璇玑玉衡。"士，理官，亦主听察。存，即在。

烈、枿，馀也。①
①晋、卫之间曰蘖，陈、郑之间曰烈。

迓，迎也。①〔一二〕
①《公羊传》曰："跛者迓跛者。"

元、良，首也。①
①《左传》曰：狄人归先轸之元。良，未闻。

荐、挚，臻也。①
①荐，进也。挚，至也。故皆为臻。臻，至也。

赓、扬，续也。①
①《书》曰："乃赓载歌。"扬，未详。

祔、祧，祖也。①
①祔，付也，付新死于祖庙。祧，毁庙主。

即，尼也。①
①即犹今也。尼者，近也。《尸子》曰："悦尼而来远。"

尼，定也。①
①尼者，止也。止亦定。

迩、几、暱，近也。①
①暱，亲近也。

妥、安，坐也。①
①《礼记》曰："妥而后传命。"

貉、缩，纶也。①
①纶者，绳也，谓牵缚缩貉之。今俗语亦然。

貉、嗼、安，定也。①

①皆静定，见《诗》。

伊，维也。①伊、维，侯也。②

①发语辞。

②《诗》曰："侯谁在矣。"互相训。

时、寔，是也。①

①《公羊传》曰：寔来者何？是来也。

卒、猷、假、辍，已也。①

①猷、假，未详。

求、酋、在、卒、就，终也。①

①《诗》曰："嗣先公尔酋矣。"成就，亦终也。其馀未详。

崩、薨、无禄、卒、徂落、殪，死也。①

①古者死亡尊卑同称耳，故《尚书》尧曰"殂落"，舜曰"陟方乃死"。

校勘记

〔一〕襌：影宋蜀大字本、宋刊监本、吴元恭本同，宋刊《释文》、宋刊单疏本、雪窗本从示，作禥。阮元《校勘记》云："宋人书衣示偏旁往往无别。……按，《说文》有从衣之襌而无从示之禥，凡用襌为徽美字者取其同音而已，传写遂多从示。"顾尚之《尔雅正义》批校云："以唐石经考之，襌当作襌，从衣。《东京赋》亦作襌。"

〔二〕辑协和也："协"，影宋蜀大字本、宋刊监本、宋刊单疏本、吴元恭本同，雪窗本从心旁作恊。按，《说文》卷十三劦部："协，众之同和也。从劦从十。臣铉等曰：十，众也。"则《尔雅》经文协字当从十。从心之恊训为同心之和，与从十之协义近字别，雪窗本误，当据正。

〔三〕楼犹今言拘楼聚也："楼"，影宋蜀大字本同，宋刊监本、吴元恭本同，宋刊单疏本、雪窗本注文上楼字从手，作搂。宋刊《释文》云："搂，从手，本或作楼，非。"《说文》卷十二手部："搂，曳聚也。"又，注文"拘"，影宋蜀大字本从木作"构"。按，古木旁字往往改作手旁。

〔四〕而说者便为之马病："为"，宋刊监本、宋刊单疏本、雪窗本、吴元恭本同。阮元《校勘记》云："按，谓为二字每相乱，此作谓是也。"

〔五〕敬也俨然敬貌：经注之"敬"，原刊缺末笔，作"敬"，宋刊单疏本、吴元恭本同，影宋蜀大字本、宋刊监本、雪窗本末笔不缺。下同。

〔六〕底底：各本字形有异，宋刊《释文》字作底、厎，宋刊单疏本作"底、底"，影宋蜀大字本、宋刊监本作"底、厎"，雪窗本则与宋刊十行本同，吴元恭本作"底、废"。阮元《校勘记》云："按，《说文》广部：底，山居也。从广，氏声。山居有止义，即《尔雅》此字，当从氏为正。《释文》、《五经文字》、开成石经皆作底，从氏，盖隶省相承如是，与《说文》不同。"周祖谟《尔雅校笺》校宋刊监本云："'底'今通作'底'。'厎'即上文训待之'厎'，《释文》音之视反。宋刻十行本字作'底'，非。"按，吴元恭本经文作"底、废"，与郭注所引经文相合。

〔七〕桢：周祖谟《尔雅校笺》云："唐写本作'祯'，误。"宋刊单疏本引《大雅·生民》"维周之桢"句，按，此当为《周颂·维清》篇句。

〔八〕串：陶方琦《尔雅汉学证义》云："舍人曰，串，心之习也。《一切经音义》证曰：串古通作患，见《诗·皇矣·正义》及《释文》。郝氏懿行曰，患乃本字，串即患字之省。据释舍人此注，可知《尔雅》古本串正作患。"

〔九〕休苦：王重民《敦煌古籍叙录》云：唐写本"休"下有"劳"字，"今本缺劳字，按郭注云：'苦劳者宜止息'，则郭本有劳字"。

〔一〇〕今以十亿为秭：邢《疏》云："秭者，《周颂·丰年》云'万亿及秭'。《毛传》云：'数亿至万曰亿，数亿至亿曰秭。'郭云'今以十亿为秭'者，以时验而言也。"阮元《校勘记》云："按，《诗·正义》云：'数亿至亿曰秭。'定本集注皆云'数亿至万曰秭'。《释文》作'数亿至万曰秭'，云一本作'数亿至亿曰秭'。《说文》亦云'数亿至万曰秭'。盖此疏引《毛传》本作'数万至万曰亿，数亿至万曰秭'。浅人误改，遂不可通。"

〔一一〕汱浑隙坠也汱浑皆水落貌："汱"，影宋蜀大字本、宋刊监本、雪窗本、吴元恭本同，宋刊单疏本经注引文均作汱。邵《疏》云："汱当作汱。"按，邵《疏》是也。宋刊《释文》云："汱，字宜作汱。"段玉裁《说文解字注》水部"汱"下注云："《士丧礼》：祝淅米于堂。注：淅，汱也。《释诂》曰：汱，坠也。汱之则沙砾去矣。故曰坠也。"《说文》卷十一水部："淅，汱米也。"则汱释为汱之则沙砾去矣。故曰坠也。字当从宋刊《释文》和宋刊单疏本作汱。

〔一二〕迓迎也：阮元《校勘记》云："按，《说文》讶，相迎也。从言牙声。""《说文》本无迓篆，今有者，徐铉所增十九文之一也。"

卷第三

释言第二

殷、齐，中也。①
①《书》曰："以殷仲春。"《释地》曰："岠齐州以南。"

斯、誃，离也。①
①齐、陈曰斯。誃，见《诗》。

谖、兴，起也。①
①《礼记》曰："尸谖。"

还、复，返也。

宣、徇，遍也。①
①皆周遍也。

驲、遽，传也。①
①皆传车驿马之名。

蒙、荒，奄也。①
①奄，奄覆也。皆见《诗》。

告、谒，请也。①
①皆求请也。

肃噰，声也。①
①《诗》曰："肃噰和鸣。"

格、怀，来也。①
①《书》曰："格尔众庶。"怀，见《诗》。

畛、厎，致也。①
①皆见《诗传》。

恀、怙，恃也。①
①今江东呼母为恀，音是。

律、遹，述也。①
①皆叙述也，方俗语耳。

俞、畬，然也。①
①《礼记》曰："男唯女俞。"畬者，应也，亦为然。

豫、胪，叙也。①
①皆陈叙也。

庶几，尚也。①
①《诗》曰："不尚息焉。"

观、指,示也。①
①《国语》曰:"且观之兵。"

若、惠,顺也。①
①《诗》曰:"惠然肯来。"

敖、幠,傲也。①
①《礼记》曰:无幠无傲。傲,慢也。

幼、鞠,稚也。①
①《书》曰:"不念鞠子哀。"

逸、愆,过也。①
①《书》曰:汝则有逸罚。

疑、休,戾也。①
①戾,止也。疑者亦止。

疾、齐,壮也。①
①壮,壮事,谓速也。齐亦疾。

惄、褊,急也。①
①皆急狭。

贸、贾,市也。①
①《诗》曰:"抱布贸丝。"

厞、陋,隐也。[1]

[1]《礼记》曰:"厞用席。"《书》曰:"扬侧陋。"

遏、遾,逮也。[1]

[1]东齐曰遏,北燕曰遾,皆相及逮。

征、迈,行也。[1]

[1]《诗》曰:"王于出征。"迈亦行。

圮、败,覆也。[1]

[1]谓毁覆。

荐、原,再也。[1]

[1]《易》曰:"水荐至。"今呼重蚕为蟈。

忺、敉,抚也。[1]

[1]忺,爱抚也。敉义见《书》。

臞、脙,瘠也。[1]

[1]齐人谓瘠瘦为脙。

桄、颎,充也。[1]

[1]皆充盛也。

屡、昵,亟也。[1]

[1]亲昵者亦数。亟亦数也。

靡、罔,无也。

爽,差也。爽,忒也。①
①皆谓用心差错,不专一。

佴,贰也。①
①佴,次。为副贰。

剂、翦,齐也。①
①南方人呼翦刀为剂刀。

饎、馏,稔也。①
①今呼餐饭为饎,饎熟为馏。

媵、将,送也。①
①《左传》曰:"以媵秦穆姬。"《诗》曰:"远于将之。"

作、造,为也。

饡、糇,食也。①
①《方言》云:陈、楚之间相呼食为饡。

鞠、究,穷也。①
①皆穷尽也。见《诗》。

卤、矜、咸,苦也。①
①卤,苦地也。可矜怜者亦辛苦。苦,即大咸。

干、流,求也。①
①《诗》曰:"左右流之。"

流,覃也。覃,延也。①
①皆谓蔓延相被及。

佻,偷也。①
①谓苟且。

潜,深也。潜、深,测也。①
①测亦水深之别名。

谷、鞫,生也。①
①《诗》曰:"谷则异室。"

啜,茹也。①
①啜者,拾食。

茹、虞,度也。①
①皆测度也。《诗》曰:"不可以茹。"

试、式,用也。①
①见《诗》、《书》。

诰、誓,谨也。①
①皆所以约勒谨戒众。

竞、逐，彊也。①
①皆自勉彊。〔一〕

御、圉，禁也。①
①禁制。

窒、薶，塞也。①
①谓塞孔穴。

黼、黻，彰也。①
①黼文如斧，黻文如两己相背。

膺、身，亲也。①
①谓躬亲。

恺悌，发也。①
①发，发行也。《诗》曰："齐子恺悌。"

髦士，官也。①
①取俊士，令居官。

畯，农夫也。①
①今之啬夫，是也。

盖、割，裂也。①
①盖，未详。

邕、支，载也。①
①皆方俗语，亦未详。

諈诿，累也。①
①以事相属，累为諈诿。

漠、察，清也。①
①皆清明。

庇、庥，廕也。①
①今俗语呼树荫为庥。〔二〕

谷、履，禄也。①
①《书》曰："既富方谷。"《诗》曰："福履将之。"

履，礼也。①
①礼可以履行，见《易》。

隐，占也。①
①隐度。

逆，迎也。

憯，曾也。①
①发语辞。见《诗》。

增，益也。①

①今江东通言增。

窭,贫也。①
①谓贫陋。

薆,隐也。①
①谓隐蔽。

偓,唈也。①
①呜唈,短气。皆见《诗》。

基,经也。①**基,设也。**②
①基业所以自经营。
②亦为造设。

祺,祥也。①**祺,吉也。**②
①谓徵祥。
②祥,吉之先见。

兆,域也。①
①谓茔界。

肇,敏也。①
①《书》曰:"肇牵车牛。"

挟,藏也。①
①今江东通言挟。

浃，彻也。①
①谓霑彻。

替，废也。替，灭也。①
①亦为灭绝。

速，徵也。徵，召也。①
①《易》曰："不速之客。"

琛，宝也。①
①《诗》曰："来献其琛。"

探，试也。①
①刺探尝试。

髦，选也。①髦，俊也。②
①俊士之选。
②士中之俊如毛中之髦。

俾，职也。①
①使供职。

纰，饰也。①
①谓缘饰。见《诗》。

凌，栗也。①栗，感也。②
①凌懅战栗。

②战栗者忧戚。

蠲，明也。①茅，明也。②明，朗也。

①蠲，清明貌。

②《左传》曰："前茅虑无。"

猷，图也。①猷，若也。②

①《周官》曰："以猷鬼神祇。"谓图画。

②《诗》曰："寔命不猷！"

俋，举也。①

①《书》曰："俋尔戈。"

称，好也。①

①物称人意亦为好。

坎、律，铨也。①

①《易·坎卦》主法。法、律皆所以铨量轻重。

矢，誓也。①

①相约誓。

舫，舟也。①

①并两船。〔三〕

泳，游也。①

①潜行游水底。

迨，及也。[①]
①东齐曰迨。

冥，幼也。[①]
①幼稚者冥昧。

降，下也。

佣，均也。[①]
①齐等。

强，暴也。[①]
①强梁，凌暴。

疣，肆也。[①]肆，力也。[②]
①轻疣者，好放肆。
②肆，极力。

俅，戴也。[①]
①《诗》曰："戴弁俅俅。"

瘗，幽也。[①]
①幽亦薶也。

氂，劚也。[①]
①毛氂所以为劚。

烘，燎也。①煁，烓也。②
①谓烧燎。
②今之三隅竃，见《诗》。

陪，朝也。①
①陪位为朝。

康，苛也。①
①谓苛刻。

樊，藩也。①
①谓藩篱。

赋，量也。①
①赋税所以评量。

粮，粮也。①
①今江东通言粮。

庶，侈也。①庶，幸也。②
①庶者众多为奢侈。
②庶几侥幸。

筑，拾也。①
①谓拾掇。

奘，驵也。①

①今江东呼大为驵，驵犹粗也。

集，会也。

舫，泭也。①
①水中籍筏。

洵，均也。①洵，㲉也。②
①谓调均。
②未详。

逮，遝也。①
①今荆楚人皆云遝。音沓。

是，则也。①
①是，事可法则。

画，形也。①
①画者为形象。

赈，富也。①
①谓隐赈富有。

局，分也。①
①谓分部。

愤，怒也。①

①《诗》曰："天之方僭。"音荠。

僭，声也。①
①谓声音。

葵，揆也。①**揆，度也。**②
①《诗》曰："天子葵之。"
②商度。

逮，及也。

怒，饥也。①
①怒然，饥意。

畛，重也。①
①谓厚重，见《左传》。

猎，虐也。①
①凌猎，暴虐。

土，田也。①
①别二名。

戍，遏也。①
①戍守所以止寇贼。

师，人也。①

①谓人众。

硈,巩也。①
①硈然坚固。

弃,忘也。

躝,闲也。①
①躝然,闲暇貌。

谋,心也。①
①谋虑以心。

献,圣也。①
①《谥法》曰:聪明睿智曰献。

里,邑也。①
①谓邑居。

襄,除也。①
①《诗》曰:"不可襄。"

振,古也。①
①《诗》曰:"振古如兹。"犹云久若此。

怼,怨也。

缡，介也。①
①缡者，系。介，犹阂。

号，謼也。①
①今江东皆言謼。

凶，咎也。

苞，稹也。①
①今人呼物丛致者为稹。

遦，痕也。①
①相干痕。

颎，题也。①
①题，额也。《诗》曰："麟之定。"

猷、肯，可也。①
①《诗》曰："猷来无弃！"肯，今通言。

务，侮也。①
①《诗》曰："外御其侮。"

贻，遗也。①
①相归遗。

贸，买也。①

①广二名。

贿，财也。

甲，狎也。①
①谓习狎。

菼，骓也。菼，薍也。①〔四〕
①《诗》曰："毳衣如菼。"菼，草色如骓，在青白之间。

粲，餐也。①
①今河北人呼食为餐。

渝，变也。①
①谓变易。

宜，肴也。①
①《诗》曰："与子宜之。"

夷，悦也。①
①《诗》曰："我心则夷。"

颠，顶也。①
①头上。

耋，老也。①
①八十为耋。

韬，轻也。①
①《诗》曰："德韬如毛。"

俴，浅也。①
①《诗》曰："小戎俴收。"

綯，绞也。①
①纠绞绳索。

讹，化也。①
①《诗》曰："四国是讹。"

跋，躐也。①疐，跲也。②
①《诗》曰："狼跋其胡。"
②《诗》曰："载疐其尾。"

烝，尘也。①
①人众所以生尘埃。

戎，相也。①
①相佐助。

饫，私也。①
①宴饮之私。

孺，属也。①
①谓亲属。

幕，暮也。①

①幕然，暮夜。

煽，炽也。炽，盛也。①

①互相训。煽义见《诗》。

柢，本也。①

①谓根本。

窕，间也。①

①窈窕，间隙。

沦，率也。①

①相率使。

瘣，毒也。①

①忧思惨毒。

检，同也。①

①模范同等。

邮，过也。①

①道路所经过。

逊，遁也。①

①谓逃去。

毙，踣也。①偾，僵也。②
①前覆。

②却偃。〔五〕

畛，殄也。①
①谓殄绝。

曷，盍也。①
①盍，何不。

虹，溃也。①
①谓溃败。

陪，闇也。①
①陪然，冥貌。

豽，胶也。①
①胶，黏豽。

孔，甚也。厥，其也。夏，礼也。①
①谓常礼。

闍，台也。①
①城门台。

囚，拘也。①
①谓拘执。

攸,所也。展,适也。①

①得自申展皆适意。

郁,气也。①

①郁然气出。

宅,居也。

休,庆也。

祈,叫也。①

①祈,祭者叫呼而请事。

潖、幽,深也。①

①潖亦深也。

哲,智也。

弄,玩也。

尹,正也。①皇、匡,正也。②

①谓官正也。

②《诗》曰:"四国是皇。"

服,整也。①

①服御之,令齐整。

聘，问也。①
①见《穀梁传》。

愧，惭也。

殛，诛也。①
①《书》曰："鲧则殛死。"

克，能也。翌，明也。①
①《书》曰："翌日乃瘳。"

讻，讼也。①
①言讻讻譊。

晦，冥也。奔，走也。逡，退也。①
①《外传》曰：已复于事而逡。

蹎，仆也。①
①顿踬，倒仆。

亚，次也。谂，念也。①
①相思念。

届，极也。①
①有所限极。

奄，同也。①

①《诗》曰:"奄有龟蒙。"

弇, 盖也。①
①谓覆盖。

恫, 痛也。①
①《诗》曰:"神罔时恫。"

握, 具也。①
①谓备具。

振, 讯也。①
①振者, 奋迅。

阋, 恨也。①
①相怨恨。

越, 扬也。①**对, 遂也。**②
①谓发扬。
②《诗》曰:"对扬王休。"

熮, 火也。①
①《诗》曰:"王室如熮。"熮, 齐人语。

懈, 怠也。

宣, 缓也。①

①谓宽缓。

遇，偶也。①
①偶尔相值遇。

曩，瞡也。①
①《国语》曰："曩而言戏也。"

偟，暇也。①
①《诗》曰："不遑启处。"

宵，夜也。

懊，忨也。①愒，贪也。②
①谓爱忨。
②谓贪羡。

楮，柱也。①
①相楮柱。

裁，节也。并，併也。①
①《诗》曰："并坐鼓瑟。"

卒，既也。①
①既已。

慅，虑也。①

①谓谋虑也。

将，资也。①
①谓资装。

繭，絖也。①
①今人呼缝絖衣为繭。

递，迭也。①
①更迭。

矧，况也。①
①譬况。

廩，廯也。①
①或说云即仓廩，所未详。

逭，逃也。①
①亦见《礼记》。

讯，言也。①
①相问讯。

间，倪也。①
①《左传》谓之谍，今之细作也。

沄，沉也。①

①水流潾沆。

干，扞也。①
①相扞卫。

趾，足也。跀，刖也。②
①足脚。
②断足。

襄，驾也。①
①《书》曰："怀山襄陵。"

忝，辱也。燠，煖也。①
①今江东通言燠。

块，墣也。①
①土块也。《外传》曰：枕由以墣。

将，齐也。①
①谓分齐也。《诗》曰："或肆或将。"

䤂，饐也。①
①糜也。

启，跪也。①
①小跽。

瞁，密也。①
①谓致密。

开，闢也。①
①《书》曰："闢四门。"

袍，襺也。①
①《左传》曰："重襺衣裘。"

障，畛也。①
①谓壅障。

靦，姁也。①
①面姁然。

鬻，糜也。①
①淖糜。

舒，缓也。①
①谓迟缓。

翿，纛也。①**纛，翳也。**②
①今之羽葆幢。
②舞者所以自蔽翳。

隍，壑也。①
①城池空者为壑。

芼，搴也。①
①谓拔取菜。

典，经也。威，则也。①
①威仪可法则。

苛，妎也。①
①烦苛者，多嫉妎。

茦，小也。①
①茦者，小貌。

迷，惑也。狃，复也。①
①狃忕复为。

逼，迫也。般，还也。①
①《左传》曰："般马之声。"

班，赋也。①
①谓布与。

济，渡也。济，成也。济，益也。①
①所以广异训，各随事为义。

缗，纶也。①
①《诗》曰："维丝伊缗。"缗，绳也，江东谓之纶。

辟,历也。①

①未详。

漦,盛也。①

①漉漉出涎沫。

宽,绰也。①

①谓宽裕也。

衮,黻也。①

①衮衣有黻文。

华,皇也。①

①《释草》曰:"葟、华,荣。"

昆,后也。①

①谓先后,方俗语。

弥,终也。①

①终,竟也。

校勘记

〔一〕皆自勉彊:"彊",宋刊单疏本、吴元恭本经注同,影宋蜀大字本、宋刊监本注文作"强",雪窗本注文作"皆自强勉"。宋刊《释文》云:"强,本或作彊字。"

〔二〕今俗语呼树荫为庥:"树荫",雪窗本作"树廕"。阮元《校勘记》云:"依经当作廕。盖以树荫义改从艸耳。"按,庥为休之异体字。《说文》

卷六木部："休，息止也。从人依木。庥，休或从广。"《释文》："庥，字又作休。"

〔三〕并两船："并"，宋刊单疏本、雪窗本、吴元恭本同，宋刊《释文》作"併"，云"字又作并"，影宋蜀大字本、宋刊监本作"竝"。

〔四〕茨雅也茨蒺也：阮元《校勘记》云："按，此系《释草》文误入。郭氏言'茨草色如雅'云云，本上文'茨，雅也'之注而在此下可证。《诗·大车》'毳衣如茨'，《毛传》：茨，雅也。《笺》云：茨，蒺也。《正义》曰：茨雅，《释言》文；茨蒺，《释草》文。分析最清。《释文》蒺字音亦后人窜入。"刁戴高《尔雅注疏》校记云："此应在《释草》，乃错简也。"

〔五〕却偃："却"，宋刊单疏本作"卻"。阮元《校勘记》云："卻却正俗字。"

卷第四

释训第三

明明、斤斤，察也。①
①皆聪明鉴察。

条条、秩秩，智也。①
①皆智思深长。

穆穆、肃肃，敬也。①
①皆容仪谨敬。

诸诸、便便，辩也。①
①皆言辞辩给。

肃肃、翼翼，恭也。①
①皆恭敬。

廱廱、优优，和也。①
①皆和乐。

兢兢、憴憴，戒也。①

①皆戒慎。

战战、跄跄，动也。①
①皆恐动趋步。

晏晏、温温，柔也。①
①皆和柔。

业业、翘翘，危也。①
①皆悬危。

惴惴、憢憢，惧也。①
①皆危惧。

番番、矫矫，勇也。①
①皆壮勇之貌。

桓桓、烈烈，威也。①
①皆严猛之貌。

洸洸、赳赳，武也。①
①皆果毅之貌。

蔼蔼、济济，止也。①
①皆贤士盛多之容止。

悠悠、洋洋，思也。①

①皆忧思。

蹷蹷、踖踖，敏也。①
①皆便速敏捷。

甍甍、增增，众也。①
①皆众伙之貌。

烝烝、遂遂，作也。①
①皆物盛兴作之貌。

委委、佗佗，美也。①
①皆佳丽美艳之貌。

恀恀、惕惕，爱也。①
①《诗》云："心焉惕惕。"《韩诗》以为悦人，故言爱也。恀恀，未详。

偈偈、格格，举也。①
①皆举持物。

蓁蓁、孽孽，戴也。①
①皆头戴物。

愿愿、媞媞，安也。①
①皆好人安详之容。

祁祁、迟迟,徐也。①〔一〕
①皆安徐。

丕丕、简简,大也。①
①皆多大。

存存、萌萌,在也。①
①萌萌,未见所出。

懋懋、慔慔,勉也。①
①皆自勉强。

庸庸、慅慅,劳也。①
①皆劬劳也。

赫赫、跃跃,迅也。①
①皆盛疾之貌。

绰绰、爰爰,缓也。①
①皆宽缓也。悠悠、偁偁、丕丕、简简、存存、懋懋、庸庸、绰绰,尽重语。

坎坎、墫墫,喜也。①
①皆鼓舞欢喜。

瞿瞿、休休,俭也。①
①皆良士节俭。

旭旭、蹻蹻，憍也。①
①皆小人得志憍蹇之貌。

梦梦、訰訰，乱也。①
①皆闇乱。

㦟㦟、邈邈，闷也。①
①皆烦闷。

儚儚、洄洄，惛也。①
①皆迷惛。

版版、荡荡，僻也。①
①皆邪僻。

爞爞、炎炎，薰也。①
①皆旱热薰炙人。

居居、究究，恶也。①
①皆相憎恶。

仇仇、敖敖，傲也。①
①皆傲慢贤者。

佌佌、琐琐，小也。①
①皆才器细陋。

悄悄、惨惨，愠也。[①]

①皆贤人愁恨。

痯痯、瘐瘐，病也。[①]

①皆贤人失志，怀忧病也。

殷殷、惸惸、忉忉、慱慱、钦钦、京京、忡忡、惙惙、怲怲、弈弈，忧也。[①]

①此皆作者歌事以咏心忧。

畇畇，田也。[①]

①言垦辟也。

畟畟，耜也。[①]

①言严利。

郝郝，耕也。[①]

①言土解。

绎绎，生也。[①]

①言种调。

穟穟，苗也。[①]

①言茂好也。

绵绵，穮也。[①]

①言芸精。

挃挃，获也。①栗栗，众也。②

①刈禾声。

②积聚致。

溞溞，淅也。①烰烰，烝也。②

①洮米声。

②气出盛。

俅俅，服也。①

①谓戴弁服。

峨峨，祭也。①

①谓执圭璋助祭。

锽锽，乐也。①

①钟鼓音。

穰穰，福也。①

①言饶多。

子子孙孙，引无极也。①

①世世昌盛，长无穷。

颙颙、卬卬，君之德也。①

①道君人者之德望。

丁丁、嘤嘤，相切直也。①

①丁丁，斫木声。嘤嘤，两鸟鸣。以喻朋友切磋相正。

蔼蔼、萋萋，臣尽力也。①**噰噰、喈喈，民协服也。**②
①梧桐茂，贤士众，地极化，臣竭忠。
②凤凰应德鸣相和，百姓怀附与颂歌。

佻佻、契契，愈遐急也。①
①赋役不均，小国困竭，贤人忧叹，远益急切。

宴宴、粲粲，尼居息也。①
①盛饰宴安，近处优闲。

哀哀、悽悽，怀报德也。①
①悲苦征役，思所生也。

儵儵、嘒嘒，罹祸毒也。①
①悼王道秽塞，羡蝉鸣自得，伤己失所遭谗贼。

晏晏、旦旦，悔爽忒也。①
①伤见绝弃，恨士失也。

皋皋、琄琄，刺素食也。①
①讥无功德，尸宠禄也。

懽懽、愮愮，忧无告也。①
①贤者忧惧，无所诉也。

宪宪、泄泄，制法则也。①
①佐兴虐政设教令也。

谑谑、謞謞，崇谗慝也。①
①乐祸助虐，增潜恶也。

翕翕、訿訿，莫供职也。①
①贤者陵替，奸党炽，背公恤私，旷职事。

速速、蹙蹙，惟逑鞫也。①
①陋人专禄国侵削，贤士永哀念穷迫。

抑抑，密也。①**秩秩，清也。**②
①威仪审谛。
②德音清泠。

甹夆，掣曳也。①
①谓牵拕。〔二〕

朔，北方也。①
①谓幽朔。

不俟，不来也。①
①不可待，是不复来。

不遹，不迹也。①
①言不循轨迹也。

不彻，不道也。①
①彻亦道也。

勿念，勿忘也。①
①勿念，念也。

蕆、谖，忘也。①
①义见《伯兮》、《考盘》诗。

每有，虽也。①
①《诗》曰："每有良朋。"辞之虽也。

饎，酒食也。①
①犹今云饎馔，皆一语而兼通。

舞号，雩也。①〔三〕
①雩之祭，舞者吁嗟而请雨。

暨，不及也。①
①《公羊传》曰："及，我欲之；暨，不得已。"暨，不得已，是不得及。

蠢，不逊也。①
①蠢动为恶，不谦逊也。

"如切如磋"，道学也。①"如琢如磨"，〔四〕自修也。②"瑟兮僩兮"，恂栗也。③"赫兮烜兮"，威仪也。④"有斐君子，终不可谖兮"，⑤道盛德至善，民之不能忘也。⑥

①骨象须切磋而为器，人须学问以成德。

②玉石之被雕磨，犹人自修饰。〔五〕

③恒战竦。

④貌光宣。

⑤斐文貌。

⑥常思咏。

"既微且尰"，骭疡为微，肿足为尰。①

①骭，脚胫。疡，疮。

"是刈是濩"，镬，煮之也。①

①煮葛为絺绤。

"履帝武敏"，武，迹也；敏，拇也。①

①拇迹大指处。

"张仲孝友"，①善父母为孝，善兄弟为友。

①周宣王时贤臣。

"有客宿宿"，言再宿也。"有客信信"，言四宿
也。①

①再宿为信，重言之，故知四宿。

美女为媛。①

①所以结好媛。

美士为彦。①
①人所彦咏。

"其虚其徐",威仪容止也。①
①雍容都雅之貌。

"猗嗟名兮",目上为名。①
①眉眼之间。

"式微式微"者,微乎微者也。①
①言至微。

之子者,是子也。①
①斥所咏。

"徒御不惊",辇者也。①
①步挽辇车。

襢裼,肉袒也。①暴虎,徒搏也。②
①脱衣而见体。
②空手执也。

冯河,徒涉也。①
①无舟楫。

籧篨,口柔也。①戚施,面柔也。②
①籧篨之疾不能俯,口柔之人视人颜色,常亦不伏,因以名云。

②戚施之疾不能仰, 面柔之人常俯似之, 亦以名云。

夸毗, 体柔也。①

①屈己卑身, 以柔顺人也。

婆娑, 舞也。①

①舞者之容。

擗, 拊心也。①

①谓椎胸也。

矜、怜, 抚掩之也。①

①抚掩犹抚拍, 谓慰恤也。

緘, 羔裘之缝也。①

①缝饰羔皮之名。

殿屎, 呻也。①

①呻吟之声。

帱谓之帐。①

①今江东亦谓帐为帱。

侜张, 诳也。①

①《书》曰: 无或侜张为幻。幻, 惑欺诳人者。

谁昔, 昔也。①

①谁，发语辞。

不辰，不时也。^①

①辰亦时也。

凡曲者为罶。^①

①《毛诗传》曰："罶，曲梁也。"凡以簿为鱼笱者，名为罶。〔六〕

鬼之为言归也。^①

①《尸子》曰：古者谓死人为归人。

释亲第四

父为考，母为妣。^①父之考为王父，父之妣为王母。^②王父之考为曾祖王父，王父之妣为曾祖王母。^③曾祖王父之考为高祖王父，曾祖王父之妣为高祖王母。^④父之世父、叔父为从祖祖父，父之世母、叔母为从祖祖母。^⑤父之晜弟，先生为世父，后生为叔父。^⑥男子先生为兄，后生为弟。男子谓女子先生为姊，后生为妹。父之姊妹为姑。父之从父晜弟为从祖父，父之从祖晜弟为族父。族父之子相谓为族晜弟，族晜弟之子相谓为亲同姓。^⑦兄之子、弟之子相谓为从父晜弟。^⑧子之子为孙，^⑨孙之子为曾孙，^⑩曾孙之子为玄孙，^⑪玄孙之子为来孙，^⑫来孙之子为晜孙，^⑬晜孙之子为仍孙，^⑭〔七〕仍孙之子为云孙。^⑮王父之姊妹为王姑，曾祖王父之姊妹为曾祖王姑，高祖王父之姊妹为高祖王姑。父之从父姊妹为从祖姑，父之从祖姊妹为族祖姑。父之从父晜弟之母为从祖王母，父之从祖晜弟之母为族祖王母。父之兄妻为世母，父之弟妻为叔母。父之从父晜弟之妻为从祖母，父之从祖晜弟之妻为族祖母。父之从祖祖父为族曾王父，父之从祖祖母为族曾王母。父之妾为庶母。祖，王父也。晜，兄也。^⑯

①《礼记》曰：生曰父、母、妻，死曰考、妣、嫔。今世学者从之。按，《尚书》曰："大伤厥考心"，"事厥考厥长"，"聪听祖考之彝训"，"如丧考妣"。《公羊传》曰："惠公者何？隐之考也。仲子者何？桓之母也。"《苍颉篇》曰：考妣延年。《书》曰："嫔于虞。"《诗》曰："聿嫔于京。"《周礼》有九嫔之官，明此非死生之异称矣。其义犹今谓兄为晜、妹为娣，即是此例也。

②加王者尊之。

③曾犹重也。

④高者，言最在上。

⑤从祖而别，世统异故。

⑥世有为嫡者，嗣世统故也。

⑦同姓之亲无服属。

⑧从父而别。

⑨孙犹后也。

⑩曾犹重也。

⑪玄者，言亲属微昧也。

⑫言有往来之亲。

⑬晜，後也。《汲冢竹书》曰：不窋之晜孙。

⑭仍亦重也。

⑮言轻远如浮云。

⑯今江东人通言舅。

宗族

母之考为外王父，母之妣为外王母。母之王考为外曾王父，母之王妣为外曾王母。①母之晜弟为舅，母之从父晜弟为从舅。母之姊妹为从母，从母之男子为从母晜弟，其女子子为从母姊妹。

①异姓故言外。

母党

妻之父为外舅，妻之母为外姑。①姑之子为甥，舅之子为甥，妻之晜弟为甥，姊妹之夫为甥。②妻之姊妹同出为姨。③女子谓姊妹之夫为私。④男子谓姊妹之子为出。⑤女子谓晜弟之子为姪。⑥谓出之子为离孙，谓姪之子为归孙。女子子之子为外孙。女子同出，谓先生为姒，后生为娣。⑦女子谓兄之妻为嫂，弟之妻为妇。⑧长妇谓稚妇为娣妇，娣妇谓长妇为姒妇。⑨

①谓我舅者，吾谓之甥。然则亦宜呼婿为甥。《孟子》曰："帝馆甥于二室。"是。

②四人体敌，故更相为甥。甥犹生也，今人相呼盖依此。

③同出谓俱已嫁。《诗》曰："邢侯之姨。"

④《诗》曰："谭公维私。"

⑤《公羊传》曰："盖舅出。"

⑥《左传》曰："姪其从姑。"

⑦同出谓俱嫁事一夫。《公羊传》曰:"诸侯娶一国,二国往媵之,以侄娣从。""娣者何? 弟也。"此即其义也。

⑧犹今言新妇,是也。

⑨今相呼先后,或云妯娌。

妻党

妇称夫之父曰舅,称夫之母曰姑。姑舅在则曰君舅、君姑,没则曰先舅、先姑。①谓夫之庶母为少姑。夫之兄为兄公,②夫之弟为叔,夫之姊为女公,夫之女弟为女妹。③子之妻为妇,长妇为嫡妇,众妇为庶妇。女子子之夫为婿,婿之父为姻,妇之父为婚。父之党为宗族,母与妻之党为兄弟。妇之父母、婿之父母相谓为婚姻。两婿相谓为亚。④妇之党为婚兄弟,婿之党为姻兄弟。⑤嫔,妇也。⑥谓我舅者,吾谓之甥也。

①《国语》曰:"吾闻之先姑。"

②今俗呼兄钟,语之转耳。

③今谓之女妹是也。〔八〕

④《诗》曰:"琐琐姻亚。"今江东人呼同门为僚婿。

⑤古者皆谓婚姻为兄弟。

⑥《书》曰:"嫔于虞。"

婚姻

校勘记

〔一〕祁祁迟迟徐也:按,"祁祁"当为"祁祁",后"祈"字疑音近而误。

〔二〕谓牵拕："拕"，影宋蜀大字本、宋刊监本作"柁"。古文字从手之字往往改从木旁，此亦一例。

〔三〕舞号雩也：刁戴高《尔雅注疏》校记云："此应在《释天》。"

〔四〕如琢如磨："磨"，段玉裁《说文解字注》卷十二手部"摩"篆下注云："凡《毛诗》、《尔雅》如琢如摩、《周礼》刮摩字多从手，俗从石作磨，不可通。"按，疑摩磨形近互训，故俗通用。磨，古字作䃺。《说文》石部研，䃺也；手部摩，研也。

〔五〕玉石之被雕磨犹人自修饰："雕"，宋刊单疏本、吴元恭本同，影宋蜀大字本、宋刊监本、雪窗本作"彫"。阮元《校勘记》云："雕彫一字也。闽本、监本、毛本雕改琢，非。按，《释文》琢，'丁角反，治玉也。本或作琢。非也'；盖作'本或作雕，非也'。《释器》玉谓之雕，玉谓之琢，本两文。邢氏所据郭《注》是雕字，陆氏所据本是琢字。"

〔六〕凡以簿为鱼笱者名为罶："簿"，影宋蜀大字本、宋刊单疏本、吴元恭本同，宋刊监本、雪窗本字从艸作"薄"。《释文》："薄，本今作簿。"按，古文字从竹之字往往改从艸，此亦一例。

〔七〕来孙之子为晜孙晜孙之子为仍孙："晜"，影宋蜀大字本、宋刊监本、宋刊单疏本、雪窗本、吴元恭本同。阮元《校勘记》云："《史记·索隐·孟尝君列传》、《汉书·惠帝纪》师古注皆引《尔雅》：'来孙之子为昆孙，昆孙之子为仍孙。'是唐初本《尔雅》作昆孙，开成石经始误为晜弟字。《释文》及《后汉书》注亦误作昆也。郭注'晜，后也'及'不窟之晜孙'，二晜字皆当作昆。"按，《释文》："晜音昆，本亦作昆。"《尔雅·释言》："昆，後也。"字正作"昆"。

〔八〕今谓之女妹是也：阮元《校勘记》云："袁廷檮云：女妹当作女叔。按，《礼记·昏义》'和于室人'，注'室人谓女妐，女叔，诸妇也'。《正义》曰：'女叔谓壻之妹也。'夫之弟为叔，故女弟为女叔。以经作女叔，故注云'今谓之女妹是也'。若经作女妹，郭氏必不如此下注矣。"

卷第五

释宫第五

宫谓之室，室谓之宫。①

①皆所以通古今之异语，明同实而两名。

牖户之间谓之扆，①其内谓之家。②

①窗东户西也。《礼》云斧扆者，以其所在处名之。〔一〕

②今人称家，义出于此。

东西墙谓之序。①

①所以序别内外。

西南隅谓之奥，①西北隅谓之屋漏，②东北隅谓之宦，③东南隅谓之交。④

①室中隐奥之处。

②《诗》曰："尚不愧于屋漏。"其义未详。

③宦见《礼》，亦未详。

④《礼》曰：妇室聚交。交亦隐闇。

枨谓之阈，①柣谓之楔，②楣谓之梁，③枢谓之椳。④枢达北方谓之落时，⑤落时谓之戺。⑥

①阈，门限。

②门两旁木。

③门户上横梁。

④门户扉枢。

⑤门持枢者，或达北檼以为固也。

⑥道二名也。

埓谓之坫，① 墙谓之墉，②镘谓之杇，③椹谓之
榩，④地谓之黝，⑤墙谓之垩。⑥

①在堂隅。坫，端也。

②《书》曰："既勤垣墉。"

③泥镘。

④斫木櫍也。

⑤黑饰地也。

⑥白饰墙也。

樴谓之杙，①在墙者谓之楎，②在地者谓之臬，③大
者谓之栱，长者谓之阁。④

①橜也。

②《礼记》曰："不敢县于夫之楎椸。"〔二〕

③即门橜也。

④别杙所在长短之名。

闍谓之台，①有木者谓之榭。②

①积土四方。

②台上起屋。

鸡栖于弋为榤，凿垣而栖为塒。^①

①今寒乡穿墙栖鸡。皆见《诗》。

植谓之传，传谓之突。^①

①户持鏁植也，见《埤苍》。

棟廇谓之梁，^①其上楹谓之棁，^②关谓之㮂，^③枅谓之栌，^④栋谓之桴，^⑤桷谓之榱，^⑥桷直而遂谓之阅，^⑦直不受檐谓之交，^⑧檐谓之樀。^⑨

①屋大梁也。

②侏儒柱也。

③柱上㮂也，亦名枅，又曰楷。

④即栌也。

⑤屋檼。

⑥屋椽。

⑦谓五架屋际，椽正相当。

⑧谓五架屋际，椽不直上檐，交于檼上。

⑨屋梠。

容谓之防。^①

①形如今床头小曲屏风，唱射者所以自防隐，见《周礼》。

连谓之移。^①〔三〕

①堂楼阁边小屋，今呼之簃厨、连观也。

屋上薄谓之筄。^①

①屋笮。

两阶间谓之乡，①中庭之左右谓之位，②门屏之间谓之宁，③屏谓之树。④

①人君南乡当阶间。

②群臣之列位也。

③人君视朝所宁立处。

④小墙当门中。

阒谓之门，①正门谓之应门，②观谓之阙。③宫中之门谓之闱，④其小者谓之闺，小闺谓之阁。⑤衖门谓之闳，⑥门侧之堂谓之塾。⑦橛谓之阑，⑧阖谓之扉，⑨所以止扉谓之闳。⑩

①《诗》曰："祝祭于祊。"

②朝门。

③宫门双阙。

④谓相通小门也。

⑤大小异名。

⑥《左传》曰："盟诸僖闳。"闳，衖头门。

⑦夹门堂也。

⑧门阖。

⑨《公羊传》曰："齿著于门阖。"

⑩门辟旁长橛也。《左传》曰："高其闬闳。"闳，长杙，即门橜也。

瓴瓯谓之甓。①

①瓴甋也，今江东呼瓴甓。

宫中衖谓之壶，①庙中路谓之唐，②堂途谓之陈。③〔四〕路、旅，途也。④路、场、猷、行，道也。⑤一达谓之道路，⑥二达谓之岐旁,⑦三达谓之剧旁,⑧四达谓之衢,⑨五达谓之康,⑩六达谓之庄,⑪七达谓之剧骖,⑫八达谓之崇期,⑬九达谓之逵。⑭

①巷阆间道。

②《诗》曰:"中唐有甓。"

③堂下至门径也。

④途即道也。

⑤博说道之异名。

⑥长道。

⑦岐道旁出也。

⑧今南阳冠军乐乡数道交错,俗呼之五剧乡。

⑨交道四出。

⑩《史记》所谓"康庄之衢"。

⑪《左传》曰:"得庆氏之木,百车于庄。"

⑫三道交复有一岐出者,今北海剧县有此道。

⑬四道交出。

⑭四道交出,复有旁通。

室中谓之时,堂上谓之行,堂下谓之步,门外谓之趋,中庭谓之走,大路谓之奔。①

①此皆人行步趋走之处,因以名云。

隄谓之梁,①石杠谓之徛。②

①即桥也。或曰石绝水者为梁,见《诗传》。

②聚石水中以为步渡彴也。《孟子》曰:"岁十月徒杠成。"或曰今之石桥。

室有东西厢曰庙，①无东西厢有室曰寝，②无室曰
榭。③四方而高曰台，陕而修曲曰楼。④

①夹室前堂。

②但有大室。

③榭，即今堂堭。

④修，长也。

释器第六

木豆谓之豆。①
①豆，礼器也。

竹豆谓之笾。①
①笾亦礼器。

瓦豆谓之登。①
①即膏登也。瓦，五寡反。登，本又作镫。膏，音高。

盎谓之缶。①
①盆也。

瓯瓿谓之瓵。①
①瓿甊，小罂，长沙谓之瓵。

康瓠谓之甈。①

①瓟，壶也。贾谊曰："宝康瓟。"是也。

斫斸谓之定。①
①锄属。

斪谓之鐯。①〔五〕
①钁也。

斛斪谓之鍫。①
①皆古锹锸字。

緵罟谓之九罭。九罭，鱼网也。①嫠妇之筍谓之罶，②罭谓之汕，③篧谓之罩，④椮谓之涔。⑤鸟罟谓之罗，⑥兔罟谓之罝，⑦麋罟谓之罞，⑧彘罟谓之羉，⑨鱼罟谓之罛。⑩繴谓之罿，罿，罬也。罬谓之罦，罦，覆车也。⑪

①今之百囊罟，是亦谓之罝。今江东呼为緵。

②《毛诗传》曰："罶，曲梁也。"谓以薄为鱼筍。〔六〕

③今之撩罟。

④捕鱼笼也。

⑤今之作椮者，聚积柴木于水中，鱼得寒入其里藏隐，因以薄围捕取之。

⑥谓罗络之。

⑦罝犹遮也，见《诗》。

⑧冒其头也。

⑨羉，幕也。

⑩最大罟也，今江东云。

⑪今之翻车也。有两辕，中施罥以捕鸟。展转相解，广异语。

絇谓之救。①

①救丝以为絇，或曰亦冒名。

律谓之分。①

①律管可以分气。

大版谓之业。①绳之谓之缩之。②

①筑墙版也。

②缩者，约束之。《诗》曰："缩版以载。"

彝、卣、罍，器也。①小罍谓之坎。②

①皆盛酒尊，彝其揔名。

②罍形似壶，大者受一斛。

衣梳谓之祝，①黼领谓之襮。②缘谓之纯，③袥谓之袭。④衣眦谓之襟，⑤袯谓之裾，⑥衿谓之袸，⑦佩衿谓之褑，⑧执衽谓之袺，⑨扱衽谓之襭。⑩衣蔽前谓之襜。⑪妇人之袆谓之缡，缡，緌也。⑫裳削幅谓之纀。⑬

①衣缕也。齐人谓之挛，或曰袿衣之饰。

②绣刺黼文以褗领。〔七〕

③衣缘饰也。

④衣开孔也。

⑤交领。

⑥衣后裾也。

⑦衣小带。

⑧佩玉之带上属。

⑨持衣上衽。

⑩扱衣上衽于带。

⑪今蔽膝也。

⑫即今之香缨也。褅邪交落带系于体,因名为褅。緌,系也。

⑬削杀其幅,深衣之裳。

輿革前谓之鞔,①后谓之笰。②竹前谓之御,③后谓
之蔽。④环谓之捐,⑤镳谓之钀,⑥载辔谓之轙,⑦辔首谓
之革。⑧

①以韦靶车轼。

②以韦靶后户。

③以簟衣轼。

④以簟衣后户。

⑤著车众环。

⑥马勒旁铁。

⑦车轭上环,辔所贯也。

⑧辔靶勒,见《诗》。

餕谓之餯,①食饐谓之餲。②拧者谓之糷,③米者谓
之檗。④肉谓之败,⑤鱼谓之馁。⑥

①说物臭也。

②饭饐臭,见《论语》。

③饭相著。

④饭中有腥。

⑤臭坏。

⑥肉烂。〔八〕

肉曰脱之,①鱼曰斮之。②

①剥其皮也。今江东呼麋鹿之属通为肉。

②谓削鳞也。

冰，脂也。①

①《庄子》云："肌肤若冰雪。"冰雪，脂膏也。

肉谓之羹，①鱼谓之鮨，②肉谓之醢，③有骨者谓之臡。④

①肉，臛也。《广雅》曰涪，见《左传》。

②鮨，鲊属也，见《公食大夫礼》。

③肉酱。

④杂骨酱，见《周礼》。

康谓之蛊，①淀谓之垽。②

①米皮。

②滓，淀也。今江东呼垽。

鼎绝大谓之鼐，①圜弇上谓之鼒，②附耳外谓之釴，③款足者谓之鬲。④

①最大者。

②鼎敛上而小口。

③鼎耳在表。

④鼎曲脚也。

䰝谓之鬵，①鬵，鉹也。②

①《诗》曰："溉之釜鬵。"

②凉州呼鉹。

璲，瑞也。①玉十谓之区。②

①《诗》曰："鞙鞙佩璲。"璲者，玉瑞。

②双玉曰瑴，五瑴为区。

羽本谓之翮。①一羽谓之箴，十羽谓之縛，百羽谓之緷。②

①鸟羽根也。

②别羽数多少之名。

木谓之虡。①

①縣钟磬之木，植者名虡。

旄谓之藣。①

①旄，牛尾也。

菜谓之蔌。①

①蔌者，菜茹之揔名，见《诗》。

白盖谓之苫。①

①白茅苫也，今江东呼为盖。

黄金谓之璗，其美者谓之镠。白金谓之银，其美者谓之镣。①鉼金谓之钣。②锡谓之鈏。③

①此皆道金银之别名及精者。镠即紫磨金。

②《周礼》曰：祭五帝，即供金钣，是也。

③白镴。

象谓之鹄，角谓之觷，犀谓之剒，木谓之剧，玉谓之雕。①

①《左传》曰："山有木，工则剧之。"五者皆治朴之名。

金谓之镂，木谓之刻，骨谓之切，象谓之磋，玉谓之琢，石谓之磨。①

①六者皆治器之名。

璙、琳，玉也。①

①璙、琳，美玉名。

简谓之毕。①

①今简札也。

不律谓之笔。①

①蜀人呼笔为不律也，语之变转。

灭谓之点。①

①以笔灭字为点。

绝泽谓之铣。①

①铣即美金，言最有光泽也。《国语》曰"玦之以金铣者"，谓此也。

金镞翦羽谓之鍭，①骨镞不翦羽谓之志。②弓有缘者谓之弓，③无缘者谓之弭。④以金者谓之铣，以蜃者谓之珧，以玉者谓之珪。⑤

①今之鈚箭是也。

②今之骨骹是也。

③缘者,缴缠之,即今宛转也。

④今之角弓也。《左传》曰:"左执鞭、弭。"

⑤用金、蚌、玉饰弓两头,因取其类以为名。珧,小蚌。

珪大尺二寸谓之玠,①璋大八寸谓之琡,②璧大六寸谓之瑄。③肉倍好谓之璧,④好倍肉谓之瑗,⑤肉好若一谓之环。⑥

①《诗》曰:"锡尔玠珪。"

②璋,半珪也。

③《汉书》所云瑄玉,是也。

④肉,边。好,孔。

⑤孔大而边小。

⑥孔边适等。〔九〕

繸,绶也。①

①即佩玉之组,所以连系瑞玉者,因通谓之繸。

一染谓之縓,①再染谓之赪,②三染谓之纁。③青谓之葱,④黑谓之黝,⑤斧谓之黼。⑥

①今之红也。

②浅赤。

③纁,绛也。

④浅青。

⑤黝,黑貌。《周礼》曰:"阴祀,用黝牲。"

⑥黼文画斧形,因名云。

邸谓之柢。①
①根柢皆物之邸，邸即底，通语也。

雕谓之琢。①
①治玉名也。

蓐谓之兹。①
①《公羊传》曰："属负兹。"兹者，蓐席也。

竿谓之箷。①
①衣架。

簀谓之第。①
①床版。

革中绝谓之辨，①**革中辨谓之韏。**②
①中断皮也。
②复分半也。

镂，鎪也。①
①刻镂物为鎪。

卣，中尊也。①
①不大不小者。

释乐第七

宫谓之重，商谓之敏，角谓之经，徵谓之迭，羽谓之柳。①
①皆五音之别名，其义未详。

大瑟谓之洒。①
①长八尺一寸，广一尺八寸，二十七弦。

大琴谓之离。①
①或曰，琴大者二十七弦，未详长短。《广雅》曰：琴长三尺六寸六分，五弦。

大鼓谓之鼖，①小者谓之应。②
①鼖长八尺。
②《诗》曰："应田县鼓。"在大鼓侧。

大磬谓之馨。①
①馨形似犁錧，以玉石为之。

大笙谓之巢，①小者谓之和。②
①列管瓠中，施簧管端，大者十九簧。
②十三簧者。《乡射记》曰："三笙一和而成声。"

大篪谓之沂。①
①篪以竹为之，长尺四寸，围三寸，一孔上出一寸三分，名翘，横吹

之，小者尺二寸。《广雅》云八孔。

大埙谓之嘂。①
①埙，烧土为之，大如鹅子，锐上平底，形如称锤，六孔。小者如鸡子。

大钟谓之镛。①其中谓之剽，小者谓之栈。
①《书》曰："笙镛以间。"亦名镈。音博。

大箫谓之言，①小者谓之筊。②
①编二十三管，长尺四寸。
②十六管，长尺二寸。箫一名籁。

大管谓之簥，①其中谓之篞，小者谓之篎。
①管长尺，围寸，并漆之，有底。贾氏以为如篪，六孔。

大籥谓之产，①其中谓之仲，小者谓之箹。
①籥如笛，三孔而短小。《广雅》云七孔。

徒鼓瑟谓之步，①徒吹谓之和，徒歌谓之谣，②徒击鼓谓之咢，③徒鼓钟谓之修，徒鼓磬谓之寋。④〔一〇〕
①独作之。
②《诗》云："我歌且谣。"
③《诗》云："或歌或咢。"
④未见义所出。

所以鼓柷谓之止，①所以鼓敔谓之籈。②

①柷如漆桶，方二尺四寸，深一尺八寸，中有椎，柄连底，桐之令左右击，止者其椎名。

②敔如伏虎，背上有二十七鉏铻，刻以木，长尺栎之。籈者，其名。〔一一〕

大瑟谓之洒，小者谓之料。①

①洒者音概而长也，料者声清而不乱。

和乐谓之节。

校勘记

〔一〕窗东户西也礼云斧扆者以其所在处名之：《诗·大雅·公刘·正义》引郭璞注云："扆，窗东户西也。《礼》有斧扆，形如屏风，画为斧文，置于扆地，因名为斧扆。"《太平御览》卷一八五引郭注云："窗东户西也。《礼》云斧扆，形如屏风，画为斧文，置扆北，以其所名之耳。"所引注文与今本有所不同。

〔二〕在墙者谓之楎：礼记曰不敢县于夫之楎簾："楎"，雪窗本经文从手旁，注文从木旁，此亦古时手旁木旁字多互通之例。注文"簾"，影宋蜀大字本、宋刊监本、雪窗本、吴元恭本同，宋刊单疏本作"梳"。阮元《校勘记》云："段玉裁云：《礼记》注：竿谓之簾。则从竹者是。今《礼记》作梳，非。"

〔三〕连谓之移："移"，宋刊《释文》、影宋蜀大字本、宋刊监本、宋刊单疏本、雪窗本、吴元恭本作"簃"。按，郭注"今呼之簃"，此宋刊十行本保留古字例。

〔四〕堂途谓之陈：阮元《校勘记》云："《说文》有涂，无途、塗。《尔雅·释丘》'当塗，梧丘'，亦作涂。"按，《说文》涂在卷十一水部，释为水名，塗在卷十三土部新附字，释为泥。

〔五〕斫谓之鐯：《说文》卷六木部"楮"篆下注云："斫谓之楮。"段玉裁《说文解字注》云："见《释器》。楮一作鐯，俗字也。"则今本《尔雅》所用为俗字。宋刊《释文》："鐯，字又作楮。"玄应《音义》卷十四引《尔雅》作"斫谓之楮"。可证旧本当以《说文》从木为正字。

〔六〕谓以簿为鱼笱："簿"，影宋蜀大字本、宋刊单疏本、吴元恭本同，宋刊《释文》、宋刊监本、雪窗本字从艸作"薄"。按，古从竹之字往往改从艸。

〔七〕绣刺黼文以褙领："褙"，雪窗本作"偞"。阮元《校勘记》云："偞领者，谓黼文偞伏衣领上也。字不当从衣。"

〔八〕肉烂："肉烂"，邢《疏》作"内烂"。刁戴高《尔雅注疏》校记云："应作内。"《说文》卷十火部："爛，孰也。从火，兰声。燗或从间。"段玉裁注云："隶作烂，不从艸。"

〔九〕孔边适等：按，注文"孔边"，吴元恭本同，影宋蜀大字本、宋刊监本、宋刊单疏本、雪窗本作"边孔"。

〔一〇〕徒鼓磬谓之寋：《初学记》卷十六鼓第七引文："徒击鼓谓之咢。见《尔雅》。"阮元《校勘记》云："按，磬多言击，鼓字盖涉上文误。《释文》引李巡云：置击众声寋连也。盖李本作击磬。"

〔一一〕刻以木长尺栎之籈者其名："栎"，宋刊《释文》同，云："《广雅》云：栎，击也。《汉书音义》云：栎，捎也。"《玉篇》卷六手部："擽，郎的切，捎也。"《广雅》卷三《释诂》亦作"擽"。按，古从木字往往改从手旁，此恐非传写之误，然可作版本校勘之资。

卷第六

释天第八

穹苍，苍天也。①春为苍天，②夏为昊天，③秋为旻天，④冬为上天。⑤

①天形穹隆，其色苍苍，因名云。

②万物苍苍然生。

③言气皓旰。

④旻犹愍也，愍万物彫落。

⑤言时无事，在上临下而已。

四时

春为青阳，①夏为朱明，②秋为白藏，③冬为玄英。④四气和谓之玉烛。⑤春为发生，夏为长嬴，秋为收成，冬为安宁。⑥四时和为通正，⑦谓之景风。⑧甘雨时降，万物以嘉，⑨谓之醴泉。⑩

①气青而温阳。

②气赤而光明。

③气白而收藏。

④气黑而清英。

⑤道光照。

⑥此亦四时之别号。《尸子》皆以为太平祥风。

⑦道平畅也。

⑧所以致景风。

⑨莫不善之。

⑩所以出醴泉。

祥

谷不熟为饥，①蔬不熟为馑，②果不熟为荒，③仍饥为荐。④

①五谷不成。

②凡草菜可食者通名为蔬。

③果，木子。

④连岁不熟。《左传》曰："今又荐饥。"

灾

太岁在甲曰阏逢，在乙曰旃蒙，在丙曰柔兆，在丁曰强圉，在戊曰著雍，在己曰屠维，在庚曰上章，在辛曰重光，在壬曰玄黓，在癸曰昭阳。

岁阳

太岁在寅曰摄提格，在卯曰单阏，在辰曰执徐，在巳曰大荒落，在午曰敦牂，在未曰协洽，〔一〕在申曰涒滩，在酉曰作噩，在戌曰阉茂，在亥曰大渊献，在子曰困敦，在丑曰赤奋若。

载，岁也。夏曰岁，①商曰祀，②周曰年，③唐、虞曰载。④

①取岁星行一次。

②取四时一终。

③取禾一熟。

④取物终更始。

岁名

月在甲曰毕，在乙曰橘，在丙曰修，在丁曰圉，在戊曰厉，在己曰则，在庚曰窒，在辛曰塞，在壬曰终，在癸曰极。

月阳

正月为陬，①二月为如，三月为寎，四月为余，五月为皋，六月为且，七月为相，八月为壮，九月为玄，②十月为阳，③十一月为辜，十二月为涂。④

①《离骚》云："摄提贞于孟陬。"

②《国语》云："至于玄月。"是也。

③纯阴用事，嫌于无阳，故以名云。

④皆月之别名。自岁阳至此，其事义皆所未详通者，故阙而不论。

月名

南风谓之凯风，①东风谓之谷风，②北风谓之凉风，③西风谓之泰风。④焚轮谓之穨，⑤扶摇谓之猋。⑥风与火为

庵。⑦回风为飘。⑧日出而风为暴，⑨风而雨土为霾，⑩阴
而风为曀。⑪天气下地不应曰雺，⑫地气发天不应曰雾。雾
谓之晦。⑬蝃蛛谓之雩。蝃蛛，虹也。⑭蜺为挈贰。⑮弃日为
蔽云。⑯疾雷为霆霓。⑰雨霓为霄雪。⑱暴雨谓之涷，⑲小
雨谓之霡霂，⑳久雨谓之淫，㉑淫谓之霖。㉒济谓之霁。㉓

①《诗》曰："凯风自南。"

②《诗》云："习习谷风。"

③《诗》云："北风其凉。"

④《诗》云："泰风有隧。"

⑤暴风从上下。

⑥暴风从下上。

⑦庵庵，炽盛之貌。

⑧旋风也。

⑨《诗》云："终风且暴。"

⑩《诗》曰："终风且霾。"

⑪《诗》曰："终风且曀。"

⑫言蒙昧。

⑬言晦冥。

⑭俗名为美人虹。江东呼雩。音芎。

⑮蜺，雌虹也，见《离骚》。挈贰，其别名，见《尸子》。

⑯即晕气五彩覆日也。

⑰雷之急激者谓霹雳。

⑱《诗》曰："如彼雨雪，先集维霰。"霰，水雪杂下者，故谓之消
雪。〔二〕

⑲今江东呼夏月暴雨为涷雨。〔三〕《离骚》云："今飘风兮先驱，使涷
雨兮洒尘。"是也。涷，音东西之东。

⑳《诗》曰："益之以霡霂。"

㉑《左传》曰："天作淫雨。"

㉒雨自三日已上为霖。

㉓今南阳人呼雨止为霁。音荠。

风雨

　　寿星，角、亢也。①天根，氐也。②天驷，房也。③大辰，房、心、尾也。④大火谓之大辰。⑤析木谓之津，⑥箕斗之间，汉津也。⑦星纪，斗、牵牛也。⑧玄枵，虚也。⑨颛顼之虚，虚也。⑩北陆，虚也。⑪营室谓之定。⑫娵觜之口，营室东壁也。⑬降娄，奎、娄也。⑭大梁，昴也。西陆，昴也。⑮浊谓之毕。⑯咮谓之柳。⑰柳，鹑火也。⑱北极谓之北辰。⑲何鼓谓之牵牛，⑳明星谓之启明。㉑彗星为欃枪。㉒奔星为彴约。㉓

　　①数起角、亢，列宿之长，故曰寿。

　　②角、亢下系于氐，若木之有根。

　　③龙为天马，故房四星谓之天驷。

　　④龙星明者以为时候，故曰大辰。

　　⑤大火，心也，在中最明，故时候主焉。

　　⑥即汉津也。

　　⑦箕，龙尾，斗，南斗，天汉之津梁。

　　⑧牵牛、斗者，日月五星之所终始，故谓之星纪。

　　⑨虚在正北，北方色黑，枵之言耗，耗亦虚意。

　　⑩颛顼，水德，位在北方。

　　⑪虚星之名凡四。

　　⑫定，正也。作宫室皆以营室中为正。

　　⑬营室东壁，星四方似口，因名云。

⑭奎为沟渎,故名降。

⑮昴,西方之宿,别名旄头。

⑯掩兔之毕或呼为浊,因星形以名。

⑰咮,朱鸟之口。

⑱鹑,鸟名,火属南方。

⑲北极,天之中,以正四时。

⑳今荆楚人呼牵牛星为檐鼓。檐者,荷也。

㉑太白星也。晨见东方为启明,昏见西方为太白。

㉒亦谓之孛,言其形孛孛似埽彗。

㉓流星。

星名

春 祭 曰 祠,①夏 祭 曰 礿,②秋 祭 曰 尝,③冬 祭 曰
蒸。④祭天曰燔柴,⑤祭地曰瘗薶,⑥祭山曰庪县,⑦〔四〕祭
川曰浮沉,⑧祭星曰布,⑨祭风曰磔。⑩"是襢是禡",师
祭也。⑪"既伯既祷",马祭也。⑫禘,大祭也。⑬绎,又祭
也。⑭周曰绎,⑮商曰肜,⑯夏曰复胙。⑰

①祠之言食。

②新菜可礿。

③尝新谷。

④进品物也。

⑤既祭,积薪烧之。

⑥既祭,埋藏之。

⑦或庪或县,置之于山。《山海经》曰:"县以吉玉。"是也。

⑧投祭水中,或浮或沉。

⑨布散祭于地。

⑩今俗当大道中磔狗,云以止风,此其象。

⑪师出征伐,类于上帝,禡于所征之地。

⑫伯,祭马祖也,将用马力,必先祭其先。

⑬五年一大祭。

⑭祭之明日,寻绎复祭。

⑮《春秋经》曰:"壬午犹绎。"

⑯《书》曰:"高宗肜日。"

⑰未见义所出。

祭名

春猎为蒐,①夏猎为苗,②秋猎为獮,③冬猎为狩。④宵田为獠,⑤火田为狩。⑥"乃立冢土,戎丑攸行。"⑦起大事,动大众,必先有事乎社而后出,谓之宜。⑧"振旅阗阗",⑨出为治兵,尚威武也;⑩入为振旅,反尊卑也。⑪

①搜索取不任者。

②为苗稼除害。

③顺杀气也。

④得兽取之无所择。

⑤《管子》曰:"獠猎毕弋。"今江东亦呼猎为獠。音辽。或曰即今夜猎载鑪照也。

⑥放火烧草猎,亦为狩。

⑦冢土,大社。戎丑,大众。

⑧有事祭也。《周官》所谓"宜乎社"。

⑨振旅,整众。阗阗,群行声。

⑩幼贱在前,贵勇力。

⑪尊老在前，复常仪也。

讲武

素锦绸杠，①繻帛縿，②素陞龙于縿，③练旒九，④饰以组，⑤维以缕。⑥缁广充幅长寻曰旐，⑦继旐曰旆。⑧注旄首曰旌，⑨有铃曰旂，⑩错革鸟曰旟，⑪因章曰旆。⑫

①以白地锦韬旗之竿。

②繻帛，绛也。縿，众旒所著。

③画白龙于縿，令上向。

④练，绛练也。

⑤用綦组饰旒之边。

⑥用朱缕维连持之，不欲令曳地。《周礼》曰："六人维王之太常。"是也。

⑦帛全幅长八尺。

⑧帛续旐末为燕尾者，义见《诗》。

⑨载旄于竿头，如今之幢，亦有旒。

⑩縣铃于竿头，画蛟龙于旒。〔五〕

⑪此谓合剥鸟皮毛置之竿头，即《礼记》云"载鸿"及"鸣鸢"。

⑫以帛练为旒，因其文章，不复画之。《周礼》云："通帛为旆。"

旌旂

校勘记

〔一〕在未曰协洽："协"，雪窗本、吴元恭本同，宋刊《释文》、影宋蜀大字本、宋刊监本、宋刊单疏本作"协"。阮元《校勘记》云："按，字当从十。"

〔二〕雨霓为霄雪：郭注："霓，水雪杂下者，故谓之消雪。"《说文》卷十一雨部："霄，雨霓为霄。从雨，肖声。齐语也。"阮元《校勘记》云："霓为水雪杂下，是不得偏举雪也。古本《尔雅》盖无雪字。"又云："此经作霄注作消。《释文》：霄音消，本亦作消。盖援注改经，未审经注异文之致，自陆氏作《释文》时已然矣。"

〔三〕暴雨谓之涷今江东呼夏月暴雨为涷雨："涷"，宋刊《释文》作"冻"。宋刊单疏本："暴雨谓之涷者，暴雨谓骤雨也。一名冻。"下引郭注所举江东方言和《离骚》文"涷"均作"冻"。周祖谟《尔雅校笺》云：注文"'暴雨'上唐写本有'大'字"。

〔四〕祭山曰庪縣：阮元《校勘记》云："《艺文类聚》引此经縣字皆作悬。案，县悬正俗字。"经文"庪"，吴元恭本作"庪"。

〔五〕县铃于竿头画蛟龙于旒："蛟龙"，吴元恭本同，影宋蜀大字本、宋刊监本、宋刊单疏本、雪窗本等均作"交龙"。阮元《校勘记》云："画蛟龙于旒，注疏本同，误也。单疏本蛟作交。《诗》载见《正义·公羊》宣十二年《疏》，皆引作交龙。当据以订正。"按，宋刊单疏本引郭注作"交龙"，疏文所述于义甚明，则宋十行本、吴元恭本作"蛟龙"者误矣。

卷第七

释地第九

　　两河间曰冀州，①河南曰豫州，②河西曰雝州，③汉南曰荆州，④江南曰杨州，⑤〔一〕济、河间曰兖州，⑥济东曰徐州，⑦燕曰幽州，⑧齐曰营州。⑨

①自东河至西河。

②自南河至汉。

③自西河至黑水。

④自汉南至衡山之阳。

⑤自江南至海。

⑥自河东至济。

⑦自济东至海。

⑧自易水至北狄。

⑨自岱东至海。此盖殷制。

九州

鲁有大野。①

①今高平巨野县东北大泽是也。

晋有大陆。①

①今巨鹿北广河泽是也。

秦有杨陓。①
①今在扶风汧县西。

宋有孟诸。①
①今在梁国睢阳县东北。

楚有云梦。①
①今南郡华容县东南巴丘湖是也。

吴、越之间有具区。①
①今吴县南太湖，即震泽是也。

齐有海隅。①
①海滨广斥。〔二〕

燕有昭余祁。①
①今太原邬陵县北九泽是也。

郑有圃田。①
①今荥阳中牟县西圃田泽是也。

周有焦护。①
①今扶风池阳县瓠中是也。

十薮

东陵阰，南陵息慎，西陵威夷，中陵朱滕，北陵西隃雁门是也。①

①即雁门山也。

陵莫大于加陵。①

①今所在未闻。

梁莫大于溴梁。①

①溴，水名。梁，隄也。

坟莫大于河坟。①

①坟，大防。

八陵

东方之美者，有医无闾之珣玕琪焉。①东南之美者，有会稽之竹箭焉。②南方之美者，有梁山之犀、象焉。③西南之美者，有华山之金石焉。④西方之美者，有霍山之多珠玉焉。⑤西北之美者，有昆仑虚之璆琳琅玕焉。⑥北方之美者，有幽都之筋角焉。⑦东北之美者，有斤山之文皮焉。⑧中有岱岳，与其五谷鱼盐生焉。⑨〔三〕

①医无闾，山名，今在辽东。珣玕琪，玉属。

②会稽，山名，今在山阴县南。竹箭，篠也。

③犀牛皮角，象牙骨。

④黄金礝石之属。

⑤霍山，今在平阳永安县东北。珠，如今杂珠而精好。

⑥璆琳，美玉名。琅玕，状似珠也。《山海经》曰：昆仑山有琅玕树。

⑦幽都，山名，谓多野牛筋角。

⑧虎豹之属皮有缛彩者。

⑨言泰山有鱼盐之饶。

九府

东方有比目鱼焉，不比不行，其名谓之鲽。①南方有比翼鸟焉，不比不飞，其名谓之鹣鹣。②西方有比肩兽焉，与邛邛岠虚比，为邛邛岠虚啮甘草，即有难，邛邛岠虚负而走，其名谓之蟨。③北方有比肩民焉，迭食而迭望。④中有枳首蛇焉。⑤此四方中国之异气也。

①状似牛脾，鳞细，紫黑色，一眼，两片相合乃得行。今水中所在有之，江东又呼为王馀鱼。

②似凫，青赤色，一目一翼，相得乃飞。

③《吕氏春秋》曰："北方有兽，其名为蟨，鼠前而兔后，趋则顿，走则颠。"然则邛邛岠虚亦宜鼠后而兔前；前高不得取甘草，故须蟨食之。今雁门广武县夏屋山中有兽形如兔而大，相负共行，土俗名之为蟨鼠。音厥。

④此即半体之人，各有一鼻、一孔、一臂、一脚，亦犹鱼鸟之相合，更望备惊急。

⑤岐头蛇也。或曰今江东呼两头蛇。为越王约发，亦名弩弦。

五方

邑外谓之郊，郊外谓之牧，牧外谓之野，野外谓之林，林外谓之坰。①下湿曰隰。大野曰平，广平曰原，高平曰陆，大陆曰阜，大阜曰陵，大陵曰阿。可食者曰原。②陂者曰阪。③下者曰湿。④田一岁曰菑，⑤二岁曰新田，⑥三岁曰畬。⑦

①邑，国都也。假令百里之国，五十里之界，界各十里也。

②可种谷给食。

③阪陀不平。

④《公羊传》曰："下平曰隰。"〔四〕

⑤今江东呼初耕地反草为菑。

⑥《诗》曰："于彼新田。"

⑦《易》曰："不菑畬。"

野

东至于泰远，西至于邠国，南至于濮铅，北至于祝栗，谓之四极。①觚竹、北户、西王母、日下，谓之四荒。②九夷、八狄、七戎、六蛮，谓之四海。③岠齐州以南戴日为丹穴。④北戴斗极为空桐。⑤东至日所出为太平，西至日所入为太蒙。⑥太平之人仁，丹穴之人智，太蒙之人信，空桐之人武。⑦

①皆四方极远之国。

②觚竹在北，北户在南，西王母在西，日下在东，皆四方昏荒之国，次四极者。

③九夷在东，八狄在北，七戎在西，六蛮在南，次四荒者。

④岠，去也。齐，中也。

⑤戴，值。

⑥即蒙汜也。

⑦地气使之然也。

四极

释丘第十

丘一成为敦丘。①

①成犹重也。《周礼》曰:"为坛三成。"令江东呼地高堆者为敦。

再成为陶丘。①

①今济阴定陶城中有陶丘。

再成锐上为融丘。①

①鐵顶者。

三成为昆仑丘。①

①昆仑山三重,故以名云。

如乘者,乘丘。①

①形似车乘也。或云乘谓稻田塍埒。

如陼者,陼丘。①

①水中小洲为陼。

水潦所止,泥丘。①

①顶上污下者。

方丘,胡丘。①

①形四方。

绝高为之,京。①
①人力所作。

非人为之,丘。①
①地自然生。

水潦所还,埒丘。①
①谓丘边有界埒,水绕环之。

上正,章丘。①
①顶平。

泽中有丘,都丘。①
①在池泽中。

当途,梧丘。①
①途,道。

途出其右而还之,画丘。①
①言为道所规画。

途出其前,戴丘。①
①道出丘南。

途出其后,昌丘。①
①道出丘北。

水出其前，浘丘。水出其后，沮丘。水出其右，正丘。水出其左，营丘。[1]
①今齐之营丘，淄水过其南及东。

如覆敦者，敦丘。[1]
①敦，盂也。

逦迤，沙丘。[1]
①旁行连延。

左高，咸丘。右高，临丘。前高，旄丘。[1]后高，陵丘。
①《诗》云："旄丘之葛兮。"

偏高，阿丘。[1]
①《诗》云："陟彼阿丘。"

宛中，宛丘。[1]
①宛谓中央隆高。

丘背有丘为负丘。[1]
①此解宛丘中央隆峻，状如负一丘于背上。

左泽，定丘。

右陵，泰丘。[1]
①宋有太丘社云，见《史记》。〔五〕

如畒，畒丘。①
①丘有垄界如田畒。

如陵，陵丘。①
①陵，大阜也。

丘上有丘为宛丘。①
①嫌人不了，故重晓之。

陈有宛丘。①晋有潜丘。②淮南有州黎丘。③
①今在陈郡陈县。
②今在太原晋阳县。
③今在寿春县。

天下有名丘五，其三在河南，其二在河北。①
①说者多以州黎、宛、营为河南，潜、敦为河北者。案，此方称天下之
名丘，恐此诸丘碌碌，未足用当之，殆自别更有魁梧桀大者五，但未详其名
号、今者所在耳。

丘

望厓洒而高，岸。①
①厓，水边。洒谓深也。视厓峻而水深者曰岸。

夷上洒下，漘。①
①厓上平坦，而下水深者为漘。不，发声。

隩，隈。①
①今江东呼为浦隩。《淮南子》曰："渔者不争隈。"

厓内为隩，外为隈。①
①别厓表里之名。

毕，堂墙。①
①今终南山道名。毕，其边若堂之墙。

重厓，岸。①
①两厓累者为岸。

岸上，浒。①
①岸上地。

坟，大防。①
①谓隄。

涘为厓。①
①谓水边。

穷渎，汜。①
①水无所通者。

谷者，溦。①
①通于谷。

厓岸

释山第十一

河南华，①河西岳，②河东岱，③河北恒，④江南衡。⑤
①华阴山。
②吴岳。
③岱宗泰山。
④北岳恒山。
⑤衡山南岳。

山三袭，陟。①再成，英。②一成，坯。③
①袭亦重。
②两山相重。
③《书》曰："至于太伾。"

山大而高，嵩。①
①今中岳嵩高山，盖依此名。〔六〕

山小而高，岑。①
①言岑崟。

锐而高，峤。①

①言鐵峻。

卑而大，扈。①
①扈，广貌。

小而众，岿。①
①小山丛罗。

小山岌大山，峘。①
①岌谓高过。

属者，峄。①
①言骆驿相连属。

独者，蜀。①
①蜀亦孤独。

上正，章。①
①山上平。

宛中，隆。①
①山中央高。

山脊，冈。①
①谓山长脊。

未及上，翠微。①

①近上旁陁。

山顶，冢。①崒者，厜㕂。②
①山巅。
②谓山峰头、巉岩。

山如堂者，密；①如防者，盛。②
①形似堂室者。《尸子》曰："松柏之鼠，不知堂密之有美枞。"
②防，隄。

峦，山嶞。①
①谓山形长狭者，荆州谓之峦。《诗》曰："嶞山乔岳。"

重甗，隒。①
①谓山形如累两甗。甗，甑。山状似之，因以名云。

左右有岸，厒。①
①夹山有岸。

大山宫小山，霍。①
①宫谓围绕之。《礼记》曰："君为庐宫之。"是也。

小山别大山，鲜。①
①不相连。

山绝，陉。①
①连山中断绝。

多小石，磝。①
①多礓砾。

多大石，礐。①
①多盘石。

多草木，岵。无草木，峐。①
①皆见《诗》。

山上有水，埒。①
①有停泉。

夏有水，冬无水，泶。①
①有停潦。

山䪼无所通，谿。①
①所谓穷渎者，虽无所通，与水注川同名。〔七〕

石戴土谓之崔嵬，①土戴石为砠。②
①石山上有土者。
②土山上有石者。

山夹水，涧。陵夹水，澞。①
①别山陵间水者之名。

山有穴为岫。①
①谓岩穴。

山西曰夕阳，^①

①暮乃见日。

山东曰朝阳。^①

①旦即见日。

泰山为东岳，华山为西岳，霍山为南岳，^① 恒山为北岳，^②嵩高为中岳。^③。

①即天柱山，潜水所出。

②常山。

③大室山也。

梁山，晋望也。^①

①晋国所望祭者，今在冯翊夏阳县西北临河上。

释水第十二

泉一见一否为瀸。^①

①瀸，纔有貌。

井一有水一无水为瀱汋。^①

①《山海经》曰：天井，夏有水，冬无水。即此类也。

滥泉，正出。正出，涌出也。^①

①《公羊传》曰：直出。直犹正也。

沃泉，縣出。縣出，下出也。[1]

[1]从上溜下。

氿泉，穴出。穴出，仄出也。[1]

[1]从旁出也。

渶辟，流川。[1]

[1]通流。

过辨，回川。[1]濄，反入。[2]

[1]旋流。

[2]即河水决出复还入者。河之有濄，犹江之有沱。

潬，沙出。[1]

[1]今江东呼水中沙堆为潬。音但。

汧，出不流。[1]

[1]水泉潜出便自停成污池。

归异、出同流，肥。[1]

[1]《毛诗传》曰："所出同、所归异为肥。"

灅，大出尾下。[1]

[1]今河东汾阴县有水，口如车轮许，溃沸涌出，其深无限，名之为灅。冯翊郃阳县复有灅，亦如之。相去数里而夹河。河中陼上又有一灅，灅源皆潜相通。在汾阴者，人壅其流以为陂，种稻，呼其本所出处为灅魁，此是也。尾犹底也。

水醮曰厬。①
①谓水醮尽。

水自河出为灉。①济为濋，汶为澜，洛为波，汉为潜，②淮为浒，江为沱。③過为洵，颍为沙，汝为濆。④
①《书》曰："灉、沮会同。"
②《书》曰："沱、潜既道。"
③《书》曰："岷山导江，东别为沱。"
④《诗》曰："遵彼汝濆。"皆大水溢出别为小水之名。

水决之泽为汧。①
①水决入泽中者，亦名为汧。

决复入为氾。①
①水出去复还。

河水清且澜漪，大波为澜，①小波为沦，②直波为径。③
①言涣澜。
②言蕴沦。
③言径涏。

江有沱，河有灉，汝有濆。①
①此故上水别出耳。所作者重见。

浒，水厓。①
①水边地。

水草交为湄。①

①《诗》曰:"居河之湄。"

济有深涉，①深则厉，浅则揭。揭者，揭衣也。②以衣涉水为厉，③繇膝以下为揭，繇膝以上为涉，繇带以上为厉。④

①湄济渡之处。

②谓褰裳也。

③衣谓裈。

④繇，自也。

潜行为泳。①

①水底行也。《晏子春秋》曰:"潜行，逆流百步，顺流七里。"

"汎汎杨舟，绋䌫维之。"绋，繂也。①䌫，緌也。②

①繂，索。〔八〕

②緌，系。

天子造舟，①诸侯维舟，②大夫方舟，③士特舟，④庶人乘泭。⑤

①比舡为桥。

②维连四舡。

③并两舡。

④单舡。

⑤并木以渡。

水注川曰谿，注谿曰谷，注谷曰沟，注沟曰浍，注浍曰渎。①

①此皆道水转相灌注所入之处名。

逆流而上曰泝洄，顺流而下曰泝游。①

①皆见《诗》。

正绝流曰乱。①

①直横渡也。《书》曰："乱于河。"

江、河、淮、济为四渎。四渎者，发原注海者也。

水泉

水中可居者曰洲。小洲曰陼，小陼曰沚，小沚曰坻。人所为为潏。①

①人力所作。

水中

河出昆仑虚，色白；①所渠并千七百，一川色黄。②百里一小曲，千里一曲一直。③

①《山海经》曰：河出昆仑西北隅。虚，山下基也。

②潜流地中，汩漱沙坏，所受渠多，众水溷淆，宜其浊黄。

③《公羊传》曰：河曲流，河千里一曲一直。

河曲

徒骇。①太史。②马颊。③覆鬴。④胡苏。⑤简。⑥絜。⑦钩盘。⑧鬲津。⑨

①今在成平县，义所未闻。

②今所在未详。

③河势上广下狭，状如马颊。

④水中可居，往往而有，状如覆釜。

⑤东莞县今有胡苏亭，其义未详。

⑥水道简易。

⑦水多约絜。

⑧水曲如钩流盘桓也。

⑨水多阸狭，可隔以为津而横渡。

九河

从《释地》已下至九河，皆禹所名也。〔九〕

校勘记

〔一〕江南曰杨州：按：经文"杨"字从木，雪窗本、吴元恭本同，影宋蜀大字本、宋刊监本、宋刊单疏本从手。阮元《校勘记》云："江南曰扬州。监本、毛本同。闽本、毛本杨州字凡四见，皆从木。惟轻扬奋扬从手。"

〔二〕海滨广斥："斥"，影宋蜀大字本、宋刊监本、宋刊单疏本、吴元恭本同，宋刊《释文》作"庁"，雪窗本作"庍"。周祖谟《尔雅校笺》云："'斥'，唐写本作'庁'。案：《说文》字作'庌'，'庁'即'庌'字。"《说文》卷九广部："庌，郑屋也。"段玉裁《说文解字注》云："郑屋者，谓开拓其屋使广也。郑屋之义引伸之为庁逐，为充庁。《魏都赋》注引《仓颉》曰：庁，广也。"按，《尔雅校笺》引宋刊监本注文"庍"，所引字形与原版有异。

〔三〕中有岱岳与其五谷鱼盐生焉：郝《疏》云：《淮南子》"《墬形篇》中作'中央之美者'五字，五谷鱼盐之间有'桑麻'二字，疑据《尔雅》古本，今脱去之"。

〔四〕下者曰湛公羊传曰下平曰隰：阮元《校勘记》云："单疏本作'下者曰隰'，云'本作湛，误'。按，《诗·车邻·正义》引'下者曰隰'，'李巡曰：隰，湛也。是李本作隰字。据注引《公羊传》作隰，知郭本同。"王重民《敦煌古籍叙录》云：六朝写本作隰，"今本隰误为湛"。

〔五〕宋有太丘社云见史记：按，注文"云"，吴元恭本同，宋刊单疏本作"曰"，影宋蜀大字本、宋刊监本、雪窗本均作"亡"。邢《疏》云："案：《六国年表》周显王三十三年，秦惠文王二年，宋大丘社亡，是也。宋依丘作社，在宋国于时亡去，故云大丘社亡，亦咎征也。"则注文作"亡"是也，宋刊十行本和吴元恭本"云"、宋刊单疏本"曰"，疑为形近而误，当据以订正。

〔六〕山大而高崧今中岳嵩高山盖依此名：宋刊单疏本疏文引注文作"今中岳高山盖依此名"，中无"嵩"字，然疏文后又云"今之中岳名嵩高，或取此文以立名乎"。阮元《校勘记》云："单疏本作'今中岳高山'。按：高当即嵩之误，此经作崧、注作嵩，为经注异文之明证。"

〔七〕山嶺无所通谿所谓穷渎者虽无所通与水注川同名：按：经文"嶺"，注文作"渎"。《说文》卷十四阜部："隤，通沟也。从阜，卖声。读若渎。嶺，古文隤从谷。"可证嶺渎异体字通。阮元《校勘记》云："依《说文》渎隤分部，穷渎字义当作隤，今作水旁者，隶书通借也。"

〔八〕绋纚也纚索：《说文》卷十三素部："纚，素属。从素，率声。"段玉裁《说文解字注》云："素当作索，索见木部，绳索也。从素之字古亦从糸。故纚字或作纚，或作繂。"

〔九〕从释地已下至九河皆禹所名也：按："从释地已下"句，宋刊十行本、影宋蜀大字本、宋刊监本、宋刊单疏本、雪窗本、吴元恭本等以及邢《疏》、郝《疏》均作为"九河"后《尔雅》经文，邢《疏》注云："此《释地》以下四篇之总题也。"阮元所校《尔雅注疏》本此句作为"九河"下注文。黄侃《尔雅音训》云:"此文非经,非郭注。不知何时以为郭注,又不知何时以为经。"

卷第八

释草第十三

藿，山韭。茖，山葱。蒚，山蠤。蒚，山蒜。①
①今山中多有此菜，皆如人家所种者。茖，葱，细茎大叶。

薜，山蕲。①
①《广雅》云："山蕲，当归。"当归，今似蕲而粗大。

椴，木槿；〔一〕榇，木槿。①
①别二名也。似李树，华朝生夕陨，可食。或呼日及，〔二〕亦曰王蒸。

术，山蓟。①杨枹蓟。②
①《本草》云：术，一名山蓟。今术似蓟而生山中。
②似蓟而肥大，今呼之马蓟。

莳，王蕢。①
①王帚也。似藜，其树可以为埽蕢，江东呼之曰落帚。

菉，王刍。①
①菉，蓐也。今呼鸱脚莎。

拜，蔏藋。①

①蒚蘴亦似藜。

蘩，皤蒿。①**蒿，菣。**②**蔚，牡菣。**③
①白蒿。
②今人呼青蒿，香中炙啖者为菣。
③无子者。

啮，彫蓬；荐，黍蓬。①
①别蓬种类。

蔍，鼠莞。①
①亦莞属也。纤细似龙须，可以为席，蜀中出好者。

荩，鼠尾。①
①可以染皂。

蓒莦，大荠。①
①似荠，叶细，俗呼之曰老荠。

蒤，虎杖。①
①似红草而粗大，有细刺，可以染赤。

孟，狼尾。①
①似茅，今人亦以覆屋。

瓟栖，瓣。①
①瓟中瓣也。《诗》云："齿如瓟栖。"

茹藘，茅搜。①

①今之蒨也，可以染绛。

果臝之实，栝楼。①

①今齐人呼之为天瓜。

荼，苦菜。①

①《诗》曰："谁谓荼苦？"苦菜可食。

萑，蓷。①

①今茺蔚也。叶似荏，方茎，白华，华生节间。又名益母，《广雅》云。

蘱，绶。①

①小草，有杂色，似绶。

粢，稷。①

①今江东人呼粟为粢。

众，秫。①

①谓黏粟也。

戎叔谓之荏菽。①

①即胡豆也。

卉，草。①

①百草总名。

萒,雀弁。①

①未详。

蘥,雀麦。①

①即燕麦也。

蘠,乌蓲。菋,苀荄。繁,苀藈。①

①皆未详。

黉,苀瓜。①

①苀瓜似土瓜。

苀蘵,豕首。①

①《本草》曰彘卢,一名蟾蠩兰,今江东呼豨首,可以焗蚕蛹。

荓,马帚。①

①似蓍,可以为扫彗。

蘬,怀羊。①

①未详。

荌,牛蕲。①

①今马蕲,叶细锐似芹,亦可食。

葵,芦萉。①

①萉宜为菔。芦萉,芜菁属,紫华大根,俗呼雹葖。

渲, 灌。①
①未详。

茵, 芝。①
①芝, 一岁三华, 瑞草。

筍, 竹萌。①
①初生者。

簜, 竹。①
①竹别名。《仪礼》曰: "簜在建鼓之间。"谓箫管之属。

莪, 萝。①
①今莪蒿也, 亦曰廪蒿。

苊, 蓏苊。①
①荓苊。

絰, 履。①
①未详。

莕, 接余, 其叶苻。①
①丛生水中, 叶圆, 在茎端, 长短随水深浅, 江东食之。亦呼为莕。音杏。

白华, 野菅。①
①菅, 茅属。《诗》曰: "白华菅兮。"

薜，白蘄。[①]

①即上山蘄。

菲，芴。[①]

①即土瓜也。

蒚，藚。[①]

①大叶白华，根如指，正白，可啖。

荧，委萎。[①]

①药草也。叶似竹，大者如箭；竿有节，叶狭而长，表白里青，根大如指，长一二尺，可啖。〔三〕

葋，艼荧。[①]竹，萹蓄。[②]

①未详。

②似小藜，赤茎节，好生道旁，可食，又杀虫。

葴，寒浆。[①]

①今酸浆草，江东呼曰苦葴。音针。

薢茩，芵茪。[①]

①芵明也。叶黄锐，赤华，实如山茱萸。或曰蔆也，关西谓之薢茩。音皆。

莁荑，蔱蘠。[①]

①一名白蕢。

瓞，㼬。其绍瓞。①

①俗呼㼬瓜为瓞。绍者，瓜蔓绪，亦著子，但小如㼬。

芍，凫茈。①

①生下田，苗似龙须而细，根如指头，黑色，可食。

蘱，薡蕫。①藄，芺。②

①似蒲而细。

②藄似稗，布地生秽草。

钩，芺。①

①大如拇指，中空，茎头有台，似蓟，初生可食。

虉，鸿荟。①

①即虉菜也。

苏，桂荏。①

①苏，荏类，故名桂荏。

蔷，虞蓼。①

①虞蓼，泽蓼。

莜，蓨。①

①未详。

虋，赤苗。①芑，白苗。②秬，黑黍。③秠，一稃二米。④

①今之赤粱粟。

②今之白梁粟，皆好谷。

③《诗》曰："维秬维秠。"

④此亦黑黍，但中米异耳。汉和帝时，任城生黑黍，或三四实，实二米，得黍三斛八斗是。

稴，稻。①
①今沛国呼稴。

蓄，蓨茅。①
①蓄，华有赤者为蓨。蓨，蓄一种耳，亦犹蓤苕华黄白异名。

台，夫须。①
①郑笺《诗》云：台可以为御雨笠。

莍，蓟。①茴，贝母。②
①未详。
②根如小贝，员而白华，叶似韭。

莜，蚍衃。①
①今荆葵也。似葵，紫色。谢氏云：小草，多华少叶，叶又翘起。

艾，冰台。①
①今艾蒿。

蕇，亭历。①
①实叶皆似芥。一名狗荠，《广雅》云：音典。

苻，鬼目。①

①今江东有鬼目草，茎似葛，叶员而毛，子如耳珰也，赤色丛生。

薜，庾草。①

①未详。

蔽，葥蔂。①

①今繁蔂也。或曰鸡肠草。

离南，活莌。①

①草生江南，高丈许，大叶，茎中有瓤，正白。零陵人祖曰贯之为树。

茏，天蘥。须，薷苁。①

①未详。

蒡，隐荵。①

①似苏有毛，今江东呼为隐荵，藏以为菹，亦可渝食。

茜，蔓于。①

①草生水中，一名轩于。江东呼茜。音犹。

蔺，蔗。①

①作履苴草。

柱夫，摇车。①

①蔓生，细叶，紫华，可食。今俗呼曰翘摇车。

出隧，蘧蔬。①

①蘧蔬似土菌，生菰草中，今江东啖之，甜滑。音毡毦毦。

蕲茞，蘪芜。①

①香草，叶小如荽状。《淮南子》云：似蛇床。《山海经》云："臭如蘪芜。"

茨，蒺藜。①

①布地蔓生，细叶，子有三角刺人。见《诗》。

蘮蒘，窃衣。①

①似芹，可食。子大如麦，两两相合，有毛，著人衣。

髦，颠蕀。①

①细叶有刺，蔓生，一名商蕀。《广雅》云："女木也。"

藋，芄兰。①

①藋芄蔓生，断之有白汁，可啖。

蒛，莐藩。①

①生山上，叶如韭，一曰提母。

蕍，蕮。①

①今泽蕮。

藚，鹿藿，其实莥。①

①今鹿豆也。叶似大豆，根黄而香，蔓延生。

蔄，侯莎，其实媞。①

①《夏小正》曰：蔄也者，莎、薃。媞者，其实。

莞，苻蓠，其上蒚。①

①今西方人呼蒲为莞蒲，蒚谓其头台首也。今江东谓之苻蓠，西方亦名蒲，中茎为蒚，用之为席。音羽翮。

荷，芙渠。①其茎茄，其叶蕸，〔四〕其本蔤，②其华菡萏，③其实莲，④其根藕，其中的，⑤的中薏。⑥

①别名芙蓉。江东呼荷。

②茎下白蒻在泥中者。

③见《诗》。

④莲谓房也。

⑤莲中子也。

⑥中心苦。

红，茏古，其大者蘬。①

①俗呼红草为茏鼓，语转耳。

葝，芰实。①

①芰子名。

黂，枲实。①

①《礼记》曰：苴麻之有黂。

枲，麻。①

①别二名。

须，蕵芜。①

①蕵芜似羊蹄，叶细，味酢，可食。

菲，蒠菜。①

①菲草生下湿地，似芜菁，华紫赤色，可食。

蕡，赤苋。①

①今之苋赤茎者。

蘠蘼，虋冬。①

①门冬一名满冬，《本草》云。

萹苻。止。①

①未详。

泺，贯众。①

①果员锐，茎毛黑，布地，冬不死，一名贯渠。《广雅》云："贯节。"

莙，牛藻。①

①似藻叶大，江东呼为马藻。

蒤蕩，马尾。①

①《广雅》曰："马尾，蔏陆。"《本草》云："别名蕩，今关西亦呼为蕩，江东呼为当陆。"

萍，苹，①**其大者蘋。**②

①水中浮苹，江东谓之藻。音瓢。

②《诗》曰："于以采蘋。"

蔜,菟葵。①
①颇似葵而小叶,状如藜,有毛,汋啖之滑。

芹,楚葵。①
①今水中芹菜。

蕡,牛蘈。①
①今江东呼草为牛蘈者,高尺馀许,方茎,叶长而锐,有穗,穗间有华,华紫缥色,可淋以为饮。

薚,牛唇。①
①《毛诗传》曰："水舄也。"如续断,寸寸有节,拔之可复。

苹,藾萧。①
①今藾蒿也,初生亦可食。

连,异翘。①
①一名连苕,又名连草。《本草》云。

泽,乌蓲。①
①即上"蒹"也。

傅,横目。①〔五〕
①一名结缕,俗谓之鼓筝草。

釐，蔓华。①
①一名蒙华。

菱，蕨攗。①
①菱，今水中芰。

大菊，蘧麦。①
①一名麦句薑，即瞿麦。

薜，牡赞。①
①未详。

茥，山莓。①
①今之木莓也。实似藨莓而大，亦可食。

啮，苦堇。①
①今堇葵也。〔六〕叶似柳，子如米，汋食之滑。

薄，石衣。①
①水苔也。一名石发，江东食之。若曰薄，叶似䕩而大，生水底，亦可
食。

蘜，治蘠。①
①今之秋华菊。

唐、蒙，女萝。女萝，菟丝。①
①别四名。《诗》云："爰采唐矣。"

苗，蓨。①
①未详。

莔，菋葀。①
①覆葀也。实似莓而小，亦可食。

芨，堇草。①
①即乌头也，江东呼为堇，音靳。

藗，百足。①
①未详。

菺，戎葵。①
①今蜀葵也。似葵，华如木槿华。

蘻，狗毒。①
①樊光云：俗语苦如蘻。

垂，比叶。①
①未详。

覆，盗庚。①
①旋覆似菊。

茡，麻母。①
①苴麻盛子者。

藚，九叶。①

①今江东有草五叶，共丛生一茎，俗因名为五叶，即此类也。

薽，茈草。①

①可以染紫。一名茈萸，《广雅》云。

倚商，活脱。①

①即离南也。

蘵，黄蒢。①

①蘵草叶似酸浆，草小而白，中心黄，江东以作菹食。

藒车，芞舆。①

①藒车，香草。见《离骚》。

权，黄华。①

①今谓牛芸草为黄华。华黄，叶似苜蓿。

葝，春草。①

①一名芒草，《本草》云。

蒤葵，繁露。①

①承露也。大茎小叶，华紫黄色。

菋，荎藸。①

①五味也。蔓生，子丛在茎头。

蒤，委叶。①

①《诗》云："以茠蒤蓼。"

皇，守田。①

①似燕麦，子如彫胡米，可食，生废田中。一名守气。

钩，藈姑。①

①钩瓟也。一名王瓜，实如瓝瓜，正赤，味苦。

望，棻车。①

①可以为索，长丈馀。

困，秡禄。①

①未详。

攫，乌阶。①

①即乌杷也。子连相著，状如杷齿，可以染皂。

杜，土卤。①

①杜衡也，似葵而香。

盱，虺床。①

①蛇床也。一名马床，《广雅》云。

蕀，薍。①

①未闻。

赤枹蓟。①
①即上"枹蓟"。

菀奚，颗涷。①
①款涷也，紫赤华，生水中。

中馗，菌。①**小者菌。**②
①地蕈也，似盖，今江东名为土菌，亦曰馗厨，可啖之。
②大小异名。

蒩，小叶。①
①未闻。

茗，陵茗。①
①一名陵时，《本草》云。

黄华蔈，白华茇。①
①苕华色异，名亦不同。音沛。

藘从水生。①
①生于水中。

薇垂水。①
①生于水边。

薜，山麻。①
①似人家麻，生山中。

莽，数节。① 桃枝，四寸有节。② 粼，坚中。③ 籣，簜
中。④ 仲，无笐。⑤ 蒬，箭萌。⑥ 篠，箭。⑦

①竹类也，节间促。

②今桃枝节间相去多四寸。

③竹类也，其中实。

④言其中空，竹类。

⑤亦竹类，未详。

⑥萌，笋属也。《周礼》曰："蒬蒩雁醢。"

⑦别二名。

枹霍首。素华，轨鬷。①

①皆未详。

芏，夫王。①

①芏草生海边，似莞蔺，今南方越人采以为席。

蕨，月尔。①

①即紫蕨也。似蕨，可食。

葳，马蓝。①

①今大叶冬蓝也。

姚茎，涂荠。①

①未详。

苄，地黄。①

①一名地髓，江东呼苄。音怙。

蒙，王女。①〔七〕
①蒙即唐也，女萝别名。

拔，茇葛。①
①似葛，蔓生，有节，江东呼为龙尾，亦谓之虎葛。细叶，赤茎。

蘬，牡茅。①
①白茅属。

菤耳，苓耳。①
①《广雅》云："枲耳也。"亦云胡枲。江东呼为常枲。或曰苓耳。形似鼠耳，丛生如盘。

蕨，虌。①
①《广雅》云"紫虌"，非也。初生无叶，可食，江西谓之虌。

荞，邛巨。①
①今药草大戟也，《本草》云。

繁，由胡。①
①未详。

蒬，杜荣。①
①今蒬草，似茅，皮可以为绳索履属也。

稂，童粱。①
①稂，莠类也。

藨，麃。①

①麃即莓也，今江东呼为藨莓，子似覆葐而大赤，酢甜可啖。

的，薂。①

①即莲实也。

购，蔏蒌。①

①蔏蒌，蒌蒿也，生下田，初出可啖，江东用羹鱼。

芶，勃芶。①

①一名石芸，《本草》云。

葽绕，蕀菟。①

①今远志也。似麻黄，赤华，叶锐而黄，其上谓之小草。《广雅》云。

茦，刺。①

①草刺针也，关西谓之刺，燕北、朝鲜之间曰茦，见《方言》。

萧，萩。①

①即蒿。

薄，海藻。①

①药草也。一名海萝，如乱发，生海中，《本草》云。

长楚，铫芅。①

①今羊桃也。或曰鬼桃，叶似桃，华白，子如小麦，亦似桃。

蘦，大苦。①

①今甘草也。蔓延生，叶似荷，青黄，茎赤，有节，节有枝相当。或二蘦似地黄。

苯莒，马舄。马舄，车前。①

①今车前草，大叶，长穗，好生道边。江东呼为虾蟆衣。

纶似纶，组似组，东海有之。①帛似帛，布似布，华山有之。②

①纶，今有秩啬夫所带纠青丝纶。组，绶也。海中草生彩理有象之者，因以名云。

②草叶有象布帛者，因以名云。生华山中。

芜，东蠡。①

①未详。

绵马，羊齿。①

①草细，叶叶罗生而毛，有似羊齿。今江东呼为雁齿，缲者以取茧绪。

菬，麋舌。①

①今麋舌草，春生，叶有似于舌。

搴，柜朐。①

①未详。

蘩之丑，秋为蒿。①

①丑，类也。春时各有种名，至秋老成，皆通呼为蒿。

芺、蓟，其实荂。①
①芺与蓟茎头皆有蓊台名荂，荂即其实。音俘。

薡、荂，荼。①焱、蔈，芀。②
①即芀。〔八〕
②皆芀荼之别名，方俗异语，所未闻。

苇丑，芀。①
①其类皆有芀秀。

葭，华。①蒹，薕。②葭，芦。③菼，薍。④其萌蘿。⑤
①即今芦也。
②似萑而细，高数尺，江东呼为蒹薕。音廉。
③苇也。
④似苇而小，实中。江东呼为乌蓲。音丘。
⑤今江东呼芦笋为蘿，然则萑苇之类，其初生者皆名蘿。音缱绻。

蕍、芛、葟，华，荣。①
①《释言》云："华，皇也。"今俗呼草木华初生者为芛。音獮猪。蕍犹敷，蕍亦华之貌，所未闻。

卷施草，拔心不死。①
①宿莽也，《离骚》云。

茢，芙。①

①今江东呼藕绍绪如指，空中可啖者为茭，茭即此类。

荄，根。①

①别二名，俗呼韭根为荄。

攫，橐含。①

①未详。

华，荂也。①华、荂，荣也。②木谓之华，草谓之荣，不荣而实者谓之秀，荣而不实者谓之英。

①今江东呼华为荂。音敷。

②转相解。

校勘记

〔一〕椴木槿："椴"，宋刊《释文》、吴元恭本同，宋刊单疏本、雪窗本同，影宋蜀大字本、宋刊监本作"椵"。张敦仁校云："椵，音图本讹椵。"周祖谟《尔雅校笺》云："宋刻十行本作'椵'，误。""槿"，阮元《校勘记》云："《说文》：堇，艸也。从艸，堇声。今隶省作堇，是也。木部无槿字，此因木槿连文，遂加木旁矣。"

〔二〕或呼曰及："曰"，影宋蜀大字本、宋刊监本、宋刊单疏本、雪窗本同，吴元恭本作"日"。张敦仁校曰："日，音图本讹曰。"宋刊《释文》作"为日"，则原本《尔雅》注文"日"上当有"为"字。《文选》卷十六陆士衡《叹逝赋》"譬日及之在条"句注引《尔雅》郭注曰"或呼为日及"，亦作"为日"。刁戴高《尔雅注疏》校记云："椴，木槿；椽，木槿。此条应移入《释木》。"

〔三〕长一二尺可啖：雪窗本注文作"长二尺，可啖"。

〔四〕其叶蓮：周祖谟《尔雅校笺》云："日本源顺《倭名类聚抄》卷十'蓮'下引《尔雅》云：'其叶蓮，郭璞曰：蓮亦荷字也。'今本无此注。"段玉裁《说文解字注》卷一艸部"荷"下注云："今《尔雅》曰，其叶蕸。《音义》云，众家无此句，惟郭有。就郭本中或复无此句，亦并阙读。玉裁按，无者是也。""叶"，雪窗本作"莲"。阮元《校勘记》云："唐石经、雪窗本作其莲蕸，注疏本莲作叶，改唐讳也。"陈垣《史讳举例》卷八第七十六"唐讳例"谓："从世之字改从云。"

〔五〕傅撗目："撗"，雪窗本、吴元恭本同，字从手；宋刊《释文》、影宋蜀大字本、宋刊监本、宋刊单疏本作"横"，字从木。

〔六〕啮苦堇今堇葵也："堇"，雪窗本经注字均从艸作"菫"，与豪本不同。《说文》菫隶卷一艸部，字形析为从艸，堇声。段玉裁《说文解字注》云："今经典通用堇字。"

〔七〕蒙王女："王"，邵《疏》作玉，郝《疏》作王。顾尚之《尔雅正义》批校云："唐石经玉作王。"黄侃《尔雅音训》云："《别录》：菟丝一名唐蒙，一名玉女。是王亦有作玉者。"

〔八〕即芀：刁戴高《尔雅注疏》校记云："芀，即苕字，下从刀。"

卷第九

释木第十四

梄，山榎。①
①今之山楸。

栲，山樗。①
①栲似樗，色小白，生山中，因名云。亦类漆树。

柏，椈。①
①《礼记》曰："鬯曰以椈。"〔一〕

髦，梱。①
①未详。

椴，柂。①
①白椴也，树似白杨。

梅，柟。①
①似杏，实酢。

柀，黏。①

①黏似松，生江南，可以为船及棺材，作柱埋之不腐。

櫖，椵。①
①柚属也，子大如盂，皮厚二三寸，中似枳，食之少味。〔二〕

杻，檍。①
①似棣，细叶，叶新生可饲牛，材中车辋。关西呼杻子，一名土橿。

楙，木瓜。①
①实如小瓜，酢可食。

椋，即来。①
①今椋材中车辋。

栵，栭。①
①树似檞樕而庳小，子如细粟可食。今江东亦呼为栭栗。

樕，落。①
①可以为杯器素。

柚，条。①
①似橙，实酢，生江南。

时，英梅。①
①雀梅。〔三〕

楥，柜柳。①

①未详。或曰枛当为柳，柜枛似柳，皮可以煮作饮。

栩，杼。①
①柞树。

味，茎著。①
①《释草》已有此名，疑误重出。〔四〕

蕰，茎。①
①今之刺榆。

杜，甘棠。①
①今之杜梨。

狄，臧槔贡綦。①
①皆未详。

朹，檕梅。①
①朹树状似梅，子如指头，赤色，似小柰，可食。

朻者聊。①
①未详。

魄，榽橀。①
①魄，大木，细叶，似檀。今江东多有之。齐人谚曰："上山斫檀，榽
橀先弹。"

棳，木桂。①

①今南人呼桂厚皮者为木桂。桂树叶似枇杷而大，白华，华而不著子，丛生岩岭，枝叶冬夏常青，间无杂木。

梂，无疵。①

①梂，梗属，似豫章。

椐，樻。①

①肿节可以为杖。

柽，河柳。①

①今河旁赤茎小杨。

旄，泽柳。①

①生泽中者。

杨，蒲柳。①

①可以为箭。《左传》所谓董泽之蒲。

权，黄英。辅，小木。①

①权、辅皆未详。

杜，赤棠，白者棠。①

①棠色异，异其名。

诸虑，山櫐。①

①今江东呼櫐为藤，似葛而粗大。

摄，虎曩。①

①今虎豆，缠蔓林树而生，荚有毛刺。今江东呼为樜摄。音涉。

杞，枸檵。①

①今枸杞也。

梡，鱼毒。①

①梡，大木，子似栗，生南方，皮厚，汁赤，中藏卵果。

榝，大椒。①

①今椒树丛生，实大者名为榝。

槐，鼠梓。①

①楸属也，今江东有虎梓。

枫，欇欇。①

①枫树似白杨，叶员而岐，有脂而香，今之枫香是。

寓木，宛童。①

①寄生树，一名茑。

无姑，[五]其实夷。①

①无姑，姑榆也，生山中，叶员而厚，剥取皮合渍之，其味辛香，所谓无夷。

栎，其实棣。①

①有棣汇自里。

檖，罗。[①]

①今杨檖也，实似梨而小，酢可食。

楔，荆桃。[①]**旄，冬桃。**[②]**榹桃，山桃。**[③]

①今樱桃。

②子冬熟。

③实如桃而小，不解核。

休，无实李。[①]**痤，椄虑李。**[②]**驳，赤李。**[③]

①一名赵李。

②今之麦李。

③子赤。

枣：壶枣，[①]**边要枣。**[②]**櫅，白枣。**[③]**樲，酸枣。**[④]**杨彻，齐枣。**[⑤]**遵，羊枣。**[⑥]**洗，大枣。**[⑦]**煮，填枣。**[⑧]**蹶泄，苦枣。**[⑨]**皙，无实枣。**[⑩]**还味，棯枣。**[⑪]

①今江东呼枣大而锐上者为壶，壶犹瓠也。

②子细腰，今谓之鹿卢枣。

③即今枣，子白熟。

④树小实酢。《孟子》曰："养其樲枣。"

⑤未详。

⑥实小而员，紫黑色，今俗呼之为羊矢枣。《孟子》曰："曾皙嗜羊枣。"

⑦今河东猗氏县出大枣，子如鸡卵。

⑧未详。

⑨子味苦。

⑩不著子者。

⑪还味，短苦。〔六〕

榇，梧。①
①今梧桐。

朴，枹者。①
①朴属丛生者为枹，《诗》所谓棫朴、枹栎。

谓榇，采薪。采薪，即薪。①
①指解今樵薪。

棪，㮕其。①
①棪，实似柰，赤可食。

刘，刘杙。①
①刘子生山中，实如梨，酢甜，核坚，出交趾。

櫰，槐大叶而黑。①
①槐树叶大色黑者名为櫰。

守宫槐，叶昼聂宵炕。①
①槐叶昼日聂合而夜炕布者，名为守宫槐。

槐，小叶曰榎。①大而皵，楸。②小而皵，榎。③
①槐当为楸，楸细叶者为榎。

②老乃皮粗皵者为楸。

③小而皮粗皵者为榎。《左传》曰："使择美榎。"

椅，梓。①
①即楸。

梗，赤楝，白者楝。①
①赤楝树叶细而岐锐，皮理错戾，好丛生山中，中为车辋。白楝叶员而岐，为大木。

终，牛棘。①
①即马棘也，其刺粗而长。

灌木，丛木。①
①《诗》曰："集于灌木。"

瘣木，苻娄。①
①谓木病尪伛瘿肿无枝条。

蕡，藹。①
①树实繁茂菴藹。

枹遒木，魁瘣。①
①谓树木丛生，根枝节目盘结魂磊。

楰，白桵。①
①桵，小木，丛生有刺，实如耳珰，紫赤可啖。

梨，山樆。①
①即今梨树。

桑辨有葚，栀。①

①辨，半也。

女桑，桋桑。①

①今俗呼桑树小而条长者为女桑树。

榆白，枌。①

①枌榆先生叶，却著荚，皮色白。

唐棣，栘。①

①似白杨，江东呼夫栘。

常棣，棣。①

①今山中有棣树子如樱桃，可食。

檟，苦荼。①

①树小似栀子，冬生叶，可煮作羹饮，今呼早采者为荼，晚取者为茗。一名荈。蜀人名之苦荼。

楸朴，心。①

①槲，楸别名。

荣，桐木。①

①即梧桐。

栈木，干木。①

①橿木也，江东呼木觡。

    檿桑，山桑。①
①似桑，材中作弓及车辕。

    木，自獘柛，①**立死椔，**②**蔽者翳。**③**木相磨，槸。**④**梢，**
槮⑤**梢，梢櫂。**⑥〔七〕
①獘，踣。
②不獘顿。
③树荫翳覆地者。《诗》云："其椔其翳。"
④树枝相切磨。
⑤谓木皮甲错。
⑥谓木无枝柯，梢櫂长而杀者。

    枞，松叶柏身。①**桧，柏叶松身。**②
①今大庙梁材用此木。《尸子》所谓"松柏之鼠，不知堂密之有美
枞"。
②《诗》曰："桧楫松舟。"

    句如羽，乔。①**下句曰朻，上句曰乔。如木楸曰**
乔，②**如竹箭曰苞，**③**如松柏曰茂，**④**如槐曰茂。**⑤
①树枝曲卷似鸟毛羽。
②楸树性其上竦。
③篠竹性丛生。
④枝叶婆娑。
⑤言亦扶疏茂盛。

    枳，州木。髦，柔英。①
①皆未详。

槐棘丑乔，①桑柳丑条，②椒樧丑菉，③〔八〕桃李丑核。④

①枝皆翘竦。

②阿那垂条。

③菉蓂子聚生成房貌，今江东亦呼菉。樧似茱萸而小，赤色。

④子中有核人。

瓜曰华之，桃曰胆之，枣李曰疐之，�梨曰鑽之。①

①皆啖食治择之名。榅似梨而酢涩，见《礼记》。

小枝上缭为乔。①

①谓细枝皆翘缭上句者名为乔木。

无枝为檄。①

①檄櫂直上。

木族生为灌。①

①族，丛。

释虫第十五

螜，天蝼。①

①蝼蛄也。《夏小正》曰："螜则鸣。"

蜚，蠦蜰。①

①蜰即负盘臭虫。

蠖衔，入耳。①

①蚰蜒。

蜩，蜋蜩。①蝘蜩。②蚻，蜻蜻。③蠽，茅蜩。④蝒，马蜩。⑤蜺，寒蜩。⑥蜓蚞，螇螰。⑦

①《夏小正传》曰："蜋蜩者，五彩具。"

②《夏小正传》曰："蝘蜩者，蜐。"俗呼为胡蝉。江南谓之蝘蜋。音羿。

③如蝉而小。《方言》云："有文者谓之蜻。"《夏小正》曰：鸣蚻，虎悬。

④江东呼为茅截，似蝉而小，青色。

⑤蜩中最大者为马蝉。

⑥寒蚻也。似蝉而小，青赤。《月令》曰："寒蝉鸣。"

⑦即蝭蟧也。一名蟪蛄，齐人呼螇螰。

蛣蜣，蜣蜋。①

①黑甲虫，噉粪土。

蝎，蛣蝈。①

①木中蠹虫。

蠰，啮桑。①

①似天牛，长角，体有白点，喜啮桑树，作孔入其中。江东呼为啮发。

诸虑，奚相。①
①未详。

蜉蝣，渠略。①
①似蛣蜣，身狭而长，有角，黄黑色，丛生粪土中，朝生暮死。猪好啖
之。

蛂，蟥蛢。①
①甲虫也。大如虎豆，绿色。今江东呼黄蛢。音瓶。

蠸舆父，守瓜。①
①今瓜中黄甲小虫，喜食瓜叶，故曰守瓜。

蝚，蛖蝼。①
①蛖蝼，蝼蛄类。

不蜩，王蚥。①蜭蟹，强蚚。②
①未详。
②今米谷中蠹小黑虫是也。建平人呼为蚚子。音芊姓。

不过，蟷蠰。①其子蜱蛸。②
①蟷蠰，螳螂别名。
②一名螵蛸，蟷蠰卵也。

蒺藜，蝍蛆。①
①似蝗而大腹，长角，能食蛇脑。

蝝，蝮蜪。①
①蝗子未有翅者。《外传》曰："虫舍蚔蝝。"

蟋蟀，蛩。①
①今促织也，亦名青趭。

螷，蟆。①
①蛙类。

蛝，马蝼。①
①马蠲蚼，俗呼马蛟。

蠁蟲，蟼。①草蟲，负蟼。②蜇蟲，蜙蝑。③蜇蟲，蜤
蚸。④土蟲，蠰谿。⑤
①《诗》曰："趯趯阜虫。"
②《诗》云："喓喓草虫。"谓常羊也。
③蜙蝑也，俗呼蝽蟒。
④今俗呼似蜙蝑而细长，飞翅作声者为蜤蚸。
⑤似蝗而小，今谓之土蝼。

蟪蚓，螼蚕。①
①即蜿蟺也。江东呼寒蚓。

莫貈，蟷蜋，蜉。①
①蟷蜋有斧虫，江东呼石蜋。孙叔然以《方言》说此，义亦不了。

虹蛵，负劳。①

①或曰即蜻蛉也。江东呼狐梨，所未闻。

蛴，毛蠹。①
①即蛓。

蟪，蛅蟴。①
①蛓属也。今青州人呼蛓为蛅蟴。孙叔然云八角螫虫，失之。

蟠，鼠负。①
①瓮器底虫。

蟫，白鱼。①
①衣书中虫，一名蛃鱼。

蝥，罗。①
①蚕蝥。

翰，天鸡。①
①小虫，黑身赤头，一名莎鸡，又曰樗鸡。

傅，负版。①
①未详。

强，蚚。①
①即强丑捋。强，其良反。《说文》云：籀文作"强"。蚚，《字林》巨希反，又下枚反；郭胡辈反。捋，力活反。

蜉，螶何。①
①未详。

蟰，蛹。①
①蚕蟰。

蜆，缢女。①
①小黑虫，赤头，喜自经死，故曰缢女。

蚍蜉，大螘，①小者螘。②蠡，杜螘。③螱，飞螘，④其子蚳。⑤
①俗呼为马蚍蜉。
②齐人呼蚁蚁蛘。
③赤駮蚍蜉。
④有翅。
⑤蚳，蚁卵。《周礼》曰："蜃，蚳酱。"

次蟗，鼅鼄。鼅鼄，鼄蝥。①土鼅鼄，②草鼅鼄。③
①今江东呼蝃蝥。音掇。
②在地中布网者。
③络幕草上者。

土蠭，①木蠭。②
①今江东呼大蠭在地中作房者为土蠭，啖其子，即马蠭。今荆、巴间呼为蟺。音惮。
②似土蠭而小，在树上作房。江东亦呼为木蠭，又食其子。

蟦蛴，螬。①蝤蛴，蝎。②
①在粪土中。
②在木中。今虽通名为蝎，所在异。

蚅威，委黍。①
①旧说鼠蝏别名，然所未详。

蟏蛸，长踦。①
①小鼅鼄长脚者，俗呼为喜子。

蛭蛵，至掌。①国貉，虫蠁。②
①未详。
②今呼蛹虫为蠁。《广雅》云："土蛹蠁虫。"

螲，蚚螲。①
①今蚰蜒。

果蠃，蒲卢。①螟蛉，桑虫。②
①即细腰蠭也，俗呼为蠮螉。
②俗谓之桑蟃，亦曰戎女。

蝎，桑蠹。①
①即蛣蜎。

萤火，即炤。①
①夜飞，腹下有火。

密肌，继英。①
①未详。

蚅，乌蠋。①
①大虫如指，似蚕。见《韩子》。

蠓，蠛蠓。①
①小虫似蚋，喜乱飞。

王蚨蝪。①
①即螲蟷，似䖁鼄，在穴中，有盖。今河北人呼蚨蝪。

蟓，桑茧。①雔由：樗茧，②棘茧，③栾茧。④蚢，萧
茧。⑤
①食桑叶作茧者，即今蚕。
②食樗叶。
③食棘叶。
④食栾叶。
⑤食萧叶者。皆蚕类。

翥丑镈，①螽丑奋，②强丑捋，③蟥丑蹩，④蝇丑扇。⑤
①剖母背而生。
②好奋迅作声。
③以脚自摩捋。
④垂其腴。
⑤好摇翅。

食苗心，螟；食叶，蟘；食节，贼；食根，蟊。①
①分别虫啖食禾所在之名耳，皆见《诗》。

有足谓之虫，无足谓之豸。

释鱼第十六

鲤。①
①今赤鲤鱼。

鳣。①
①鳣，大鱼，似鲟而短，鼻口在颔下，体有邪行甲，无鳞，肉黄，大者长二三丈。今江东呼为黄鱼。

鰋。①
①今鰋额白鱼。

鲇。①
①别名鳀。江东通呼鲇为鮧。

鳢。①鲩。②
①鲖也。
②今鳠鱼，似鲇而大。〔九〕

鲨，鮀。①

①今吹沙小鱼，体员而有点文。

鮂，黑鰦。①

①即白鯈，江东呼为鮂。

鳛，鰌。①

①今泥鳅。

鲣，大鮦，小者鮵。①

①今青州呼小鲡为鮵。

魾，大鳠，小者鮡。①

①鳠似鲇而大，白色。

鳊，大鰕。①

①鰕大者出海中，长二三丈，须长数尺，今青州呼鰕鱼为鳊。音鄠部。

鲲，鱼子。①

①凡鱼之子緫名鲲。

鱀，是鱁。①

①鱀，鳍属也。体似鱏，尾如鯆鱼，大腹，喙小锐而长齿罗生，上下相衔，鼻在额上，能作声，少肉多膏，胎生，健啖细鱼，大者长丈馀，江中多有之。

鱦，小鱼。[1]

[1]《家语》曰：其小者鱦鱼也。今江东亦呼鱼子未成者为鱦。音绳。

鮥，鮛鲔。[1]

[1]鲔，鳣属也，大者名王鲔，小者名鮛鲔。今宜都郡自京门以上江中通出鳣鳣之鱼，有一鱼状似鳣而小，建平人呼鮥子，即此鱼也。音洛。

鮤，当魱。[1]

[1]海鱼也，似鳊而大鳞，肥美多鲠。今江东呼其最大长三尺者为当魱。音胡。

鮤，鱴刀。[1]

[1]今之鮆鱼也，亦呼为鮤鱼。

鱄鮬，鳜鯞。[1]

[1]小鱼也。似鲋子而黑，俗呼为鱼婢，江东呼为妾鱼。

鱼有力者鳍。[1]

[1]强大多力。

魵，鰕。[1]

[1]出秽邪头国。见吕氏《字林》。

鮂，鮇。[1]

[1]似鳟子，赤眼。

鲂，鯸。[1]

①江东呼鲂鱼为鳊，一名魾。音毗。

鳌鲦。①
①未详。

蜎，蠉。①
①井中小蛣蜎，赤虫，一名孑孓，《广雅》云。

蛭，蚑。①
①今江东呼水中蛭虫入人肉者为蚑。

科斗，活东。①
①虾蟆子。

魁陆。①
①《本草》云：魁状如海蛤，员而厚，外有理纵横，即今之蚶也。

蝚蛫。①
①未详。

鼁𪓰，蟾诸，①**在水者黾。**②
①似虾蟆，居陆地。淮南谓之去蚁。〔一〇〕
②耿黾也，似青蛙，大腹，一名土鸭。

蛙，蠪。①
①今江东呼蚌长而狭者为蠪。

蚌，含浆。①

①蚌，即蜃也。

鳖三足，能。龟三足，贲。①

①《山海经》曰：从山多三足鳖，大若山多三足龟。〔一一〕今吴兴郡阳羡县君山上有池，池中出三足鳖，又有六眼龟。

蚹蠃，螔蝓。①

①即蜗牛也。

蠃小者蜪。①

①螺大者如斗，出日南涨海中，可以为酒杯。

蜎蟥，小者蟧。①

①螺属，见《埤苍》。或曰即彭蜎也，似蟹而小。音滑。

蜃，小者珧。①

①珧，王珧，即小蚌。

龟俯者灵，①仰者谢，②前弇诸果，③后弇诸猎，④左倪不类，⑤右倪不若。⑥

①行头低。

②行头仰。

③甲前长。

④甲后长。

⑤行头左庳，今江东所谓左食者，以甲卜审。

⑥行头右庳为右食，甲形皆尔。

贝,居陆赎,在水者蜬;①大者魧,②小者鲼。③玄贝,贻贝。④馀貾,黄白文。⑤馀泉,白黄文。⑥蚆,博而頯。⑦蜠,大而险。⑧蜻,小而椭。⑨

①水陆异名也。贝中肉如科斗,但有头尾耳。

②《书大传》曰:大贝如车渠。车渠谓车辋,即魧属。

③今细贝亦有紫色者,出日南。

④黑色贝也。

⑤以黄为质,白为文点。

⑥以白为质,黄为文点。今之紫贝以紫为质,黑为文点。

⑦頯者,中央广,两头锐。

⑧险者谓污薄。

⑨即上小贝,椭谓狭而长。此皆说贝之形容。

蝾螈,蜥蜴。蜥蜴,蝘蜓。蝘蜓,守宫也。①
①转相解,博异语,别四名也。

蚖,蝘。①
①蝮属,大眼,最有毒。今淮南人呼蝘子。音恶。

螣,螣蛇。①
①龙类也,能兴云雾而游其中。淮南云蟒蛇。

蟒,王蛇。①
①蟒蛇最大者,故曰王蛇。

蝮虺,博三寸,首大如擘。①
①身广三寸,头大如人擘指,此自一种蛇,名为蝮虺。

鲵,大者谓之鰕。①

①今鲵鱼似鲇,四脚,前似猕猴,后似狗,声如小儿啼,大者长八九尺。

鱼枕谓之丁,①**鱼肠谓之乙,鱼尾谓之丙。**②

①枕在鱼头骨中,形似篆书丁字,可作印。

②此皆似篆书字,因以名焉。《礼记》曰:"鱼去乙。"然则鱼之骨体尽似丙丁之属,因形名之。

一曰神龟,①**二曰灵龟,**②**三曰摄龟,**③**四曰宝龟,**④**五曰文龟,**⑤**六曰筮龟,**⑥**七曰山龟,八曰泽龟,九曰水龟,十曰火龟。**⑦

①龟之最神明。

②涪陵郡出大龟,甲可以卜,缘中文似瑇瑁,俗呼为灵龟,即今觜蠵龟,一名灵蠵,能鸣。

③小龟也。腹甲曲折,解能自张闭,好食蛇,江东呼为陵龟。

④《书》曰:"遗我大宝龟。"

⑤甲有文彩者。《河图》曰:"灵龟负书,丹甲青文。"

⑥常在蓍丛下潜伏,见《龟策传》。

⑦此皆说龟生之处所,火龟犹火鼠耳,物有含异气者,不可以常理推,然亦无所怪。

校勘记

〔一〕邕曰以梮:"梮",影宋蜀大字本、宋刊监本同,宋刊单疏本、雪窗本、吴元恭本从手,作"掬"。

〔二〕中似枳食之少味:周祖谟《尔雅校笺》云:"《齐民要术》卷十引'中似枳'作'中似枳棋',今本脱'棋'字,当据补。"

〔三〕雀梅:《齐民要术》卷四引《尔雅》作"时,英梅。郭璞云:英梅未闻"。郝《疏》云:"《尔雅》'英梅',《说文》'枏梅',盖非果类。故《南都赋》枏柘檍檀连言,可知枏梅非果类矣。《要术》引郭此注'英梅未闻',然则今注'雀梅'非郭语也。"

〔四〕释草已有此名疑误重出:顾尚之《尔雅正义》批校云:"王引《唐本草》注云,五味蔓生木上,故又入《释木》,而皇览以为树名,亦是故耳。非误重出,亦非有两音两义。"

〔五〕无姑:按,此经文"无",与下文"休无实李"之"无",吴元恭本同,影宋蜀大字本、宋刊监本、宋刊单疏本、雪窗本均作"無",注文同。

〔六〕还味棯枣还味短苦:注文"短苦",吴元恭本同,影宋蜀大字本、宋刊单疏本、宋刊监本、雪窗本均作"短味"。阮元《校勘记》云:"《说文》、《玉篇》皆于櫏下云:櫏味,稔枣。《初学记》引《尔雅》亦作稔。稔,熟也。枣过熟者味短也,故名还味。《说文》木部无棯字,《玉篇》、《广韵》于棯下引《尔雅》,非。"又,宋刊《释文》"还"字下引郭注作"还味短哞",徐乾学通志堂本《释文》作"还味短味"。

〔七〕梢梢櫂:"櫂",影宋蜀大字本、宋刊监本、吴元恭本同。按,宋刊《释文》云:"櫂,直角反。"下注"无枝为檄"句下郭注"檄櫂"字云:"櫂,直角反,字从手。"雪窗本亦作"擢"。宋刊单疏本则"櫂、擢"互见:单疏本举经文作"木自檄至梢梢櫂",字从木;单疏本释经云"此别死顿相磨皮甲抽擢之异名也","此即上文梢梢擢也。檄则擢也",字从手,可证宋时刻本文字从木从手字并不严格。阮元《校勘记》云:"《方言》云:拔也。《苍颉篇》云:抽也。《小尔雅》云:拔根曰擢。字皆从手。"

〔八〕椒榝丑莍:"椒",宋刊《释文》作茮,云:"茮,音焦,本今作椒。"段玉裁《说文解字注》一篇下艸部:"茮,茮莍也。此三字句。茮莍盖古语。犹《诗》之椒聊也。……《尔雅》、《本草》、陆《疏》皆入木类。今验实木也。而《说文》正从艸,此沿自古籍者。凡析言有艸木之分,统言则艸亦木也。故造字有不拘尔。"

〔九〕今鳒鱼似鳟而大："鳒"，吴元恭本同，宋刊《释文》、影宋蜀大字本、宋刊监本、宋刊单疏本、雪窗本均作"鳒"。阮元《校勘记》云："按，此云鳒鱼似鳟，下鮥鳟注云似鳒子，可互证。"按，宋刊十行本"鮥鳟"下郭注"似鳒子"，字正作"鳒"，则此鳒误鳒，当据正。

〔一〇〕淮南谓之去蚊：按，注文"蚊"，雪窗本、吴元恭本同，影宋蜀大字本、宋刊监本、宋刊单疏本均作"蚊"，宋刊《释文》："蚊，音甫，又音扶甫反。"则蚊字是也。

〔一一〕大若山多三足龟："大若山"，影宋蜀大字本、宋刊监本、吴元恭本同，宋刊单疏本、雪窗本作"大苦山"。《初学记》卷三十鸟部"龟"第十一"事对""三足、四翼"下引《山海经》亦作"大若山"。张敦仁校云："大苦，音图本作大若。"

卷第十

释鸟第十七

隹其，鳺鴀。①
①今䳕鸠。

鶌鸠，鶻鵃。①
①似山鹊而小，短尾，青黑色，多声，今江东亦呼为鶻鵃。

鳲鸠，鴶鵴。①
①今之布谷也，江东呼为获谷。

鷑鸠，鵧鷑。①
①小黑鸟，鸣自呼，江东名为乌鴔。

鴡鸠，王鴡。①
①鵰类，今江东呼之为鹗，好在江渚山边食鱼。《毛诗传》曰："鸟挚而有别。"

鴷，斫木。①
①今江东呼䴕鴷为斫木，亦谓之鴷鴷。音格。

鵖，䳈軏。①

①未详。

鴗，天狗。①

①小鸟也，青似翠，食鱼，江东呼为水狗。

鷚，天鸙。①

①大如鷃雀，色似鹑，好高飞作声。今江东名之天鹨。音绸缪。

鵱鷜，鹅。①

①今之野鹅。〔一〕

鵅，鵋䳢。①

①今呼鵅鵋。

鶂，乌鷞。①

①水鸟也，似鶂而短颈，腹翅紫白，背上绿色。江东呼乌鷞。音駮。

舒雁，鹅。①

①《礼记》曰："出如舒雁。"今江东呼鴚。音加。

舒凫，鹜。①

①鸭也。

鸺，鵋鶹。①

①似凫，脚高，毛冠。江东人家养之，以厌火灾。

舆，鶹鷅。①

①未详。

鹈，鴮鸅。①
①今之鹈鹕也，好群飞，沉水食鱼，故名洿泽，俗呼之为淘河。

鶾，天鸡。①
①鶾鸡赤羽。〔二〕《逸周书》曰：文鶾若彩鸡，成王时蜀人献之。

鷽，山鹊。①
①似鹊而有文彩，长尾，觜脚赤。

鵌，负雀。①
①鵌鸒也，江南呼之为鵌，善捉雀，因名云。音淫。

啮齿艾。①
①未详。

鶹，鸱老。①
①鸺鶹也，俗呼为痴鸟。

鳸，鴳。①
①今鴳雀。

桑鳸，窃脂。①
①俗谓之青雀。觜曲，食肉，好盗脂膏，因名云。

鳭鹩，剖苇。①

①好剖苇皮，食其中虫，因名云。江东呼芦虎。似雀，青班，长尾。

桃虫，鹪，其雌鴱。①
①鹪鹩，桃雀也，俗呼为巧妇。

鶠，凤，其雌皇。①
①瑞应鸟，鸡头，蛇颈，燕颔，龟背，鱼尾，五彩色，其高六尺许。

鹛鸼，雗渠。①
①雀属也，飞则鸣，行则摇。

鸒斯，鹎鶋。①
①雅乌也，小而多群，腹下白，江东亦呼为鹎乌。音匹。

燕，白脰乌。①
①脰，颈。

鴽，鹑母。①
①鷃也，青州呼鹑母。

密肌，系英。①
①《释虫》以有此名，疑误重。

巂周。①
①子巂鸟，出蜀中。

燕燕，鳦。①

①《诗》云："燕燕于飞。"一名玄鸟,齐人呼鳦。

鸥䴔,鹲鸠。①

①鸥类。

狂,茅鸱。①怪鸱。②枭,鸱。③

①今䴔鸱也,似鹰而白。

②即鸱鸺也,见《广雅》。今江东通呼此属为怪鸟。

③土枭。

鶅,刘疾。①

①未详。

生哺㲉。①生噣,雏。②

①鸟子须母食之。

②能自食。

爰居,杂县。①

①《国语》曰:海鸟爰居。汉元帝时,琅邪有大鸟如马驹,时人谓之爰居。

春扈,鳻鶞。夏扈,窃玄。秋扈,窃蓝。冬扈,窃黄。桑扈,窃脂。棘扈,窃丹。行扈,唶唶。宵扈,啧啧。①

①诸扈皆因其毛色音声以为名。窃蓝,青色。

鸀鳿,戴鵀。①

①鵀,即头上胜,今亦呼为戴胜。鸀鳿犹鵅鳿,语声转耳。

鴛，泽虞。①

①今姻泽鸟，似水鸮，苍黑色，常在泽中，见人辄鸣唤不去，有象主守之官，因名云。俗呼为护田鸟。

鸬，鹲。①

①即鸬鹲也，觜头曲如钩，食鱼。

鷾，鹑。其雄鶛，牝痹。①

①鹝，鹑属。

鸍，沉凫。①

①似鸭而小，长尾，背上有文。今江东亦呼为鸍。音施。

鸊，头鸊。①

①似凫，脚近尾，略不能行。江东谓之鱼鸊。音髋箭。

鶌鸠，寇雉。①

①鶌大如鸽，似雌雉鼠脚，无后指，岐尾。为鸟憨急，群飞，出北方沙漠地。

萑，老鵵。①

①木兔也，似鸱鵂而小，兔头有角，毛脚，夜飞，好食鸡。

鵁鷎鸟。①

①似雉，青身，白头。

狂，鹮鸟。①

①狂鸟,五色,有冠,见《山海经》。

皇,黄鸟。①
①俗呼黄离留,亦名抟黍。

翠,鹬。①
①似燕,绀色,生郁林。

鶌,山乌。①
①似乌而小,赤觜,穴乳,出西方。

蝙蝠,服翼。①
①齐人呼为蟙蟔,或谓之仙鼠。

晨风,鹯。①
①鹞属。《诗》曰:"鴥彼晨风。"

鷂,白鷢。①〔三〕
①似鹰,尾上白。

寇雉泆泆。①
①即鵽鸠也。

鶌,鷜母。①
①似乌鸏而大,黄白杂文,鸣如鸽声。今江东呼为蚊母。俗说此鸟常吐蚊,故以名云。

鵱，须蠃。①
①鵱，鸒鵱，似凫而小，膏中莹刀。

鼯鼠，夷由。①
①状如小狐，似蝙蝠。肉翅，翅尾项胁毛紫赤色，背上苍艾色，腹下黄，喙、颔杂白，脚短，爪长，尾三尺许。飞且乳，亦谓之飞生。声如人呼，食火烟，能从高赴下，不能从下上高。

仓庚，商庚。①
①即鸧黄也。

鴩，餔敊。①
①未详。

鹰，鶆鸠。①
①鶆当为鷞，字之误耳。《左传》作鷞鸠，是也。

鶼鶼，比翼。①
①说已在上。

鸧黄，楚雀。①
①即仓庚也。

鴷，斲木。①
①口如锥，长数寸，常斲树食虫，因名云。

鷲，鶅鵊。①

①似乌，苍白色。

鸬，诸雉。①
①未详。或云即今雉。

鹭，舂鉏。①
①白鹭也，头翅背上皆有长翰毛，今江东人取以为睫攡，名之曰白鹭缞。

鹞雉。①鷮雉。②鳺雉。③鷩雉。④秩秩，海雉。⑤鸐，山雉。⑥翟雉，鶅雉。⑦雉绝有力，奋。⑧伊洛而南，素质，五采皆备成章曰翬。⑨江淮而南，青质，五采皆备成章曰鹞。⑩南方曰鹭，东方曰鶅，北方曰鶙，西方曰鷷。⑪

①青质五彩。

②即鷮鸡也，长尾，走且鸣。

③黄色，鸣自呼。

④似山鸡而小，冠背毛黄，腹下赤，项绿，色鲜明。

⑤如雉而黑，在海中山上。

⑥长尾者。

⑦今白鶅也，江东呼白雗，亦名白雉。

⑧最健斗。

⑨翬亦雉属，言其毛色光鲜。

⑩即鹞雉也。

⑪说四方雉之名。

鸟鼠同穴，其鸟为䴀，其鼠为鼵。①
①鼵如人家鼠而短尾，䴀似鵽而小，黄黑色，入地三四尺，鼠在内，

鸟在外，今在陇西首阳县鸟鼠同穴山中。孔氏《尚书传》云：共为雄雌。张氏《地理记》云：不为牝牡。

鹳鷒，鷚鶔。如鹊，短尾，射之，衔矢射人。[①]
[①]或说曰鹳鷒，鷚鶔，一名䲴羿。

鹊鵙丑，其飞也翪。[①]
[①]竦翅上下。

鸢乌丑，其飞也翔。[①]
[①]布翅翱翔。

鹰隼丑，其飞也翬。[①]
[①]鼓翅翬翬然疾。

凫雁丑，其足蹼，[①]**其踵企。**[②]
[①]脚指间有幕，蹼属相著。
[②]飞却伸其脚跟企直。

乌鹊丑，其掌缩。[①]
[①]飞缩脚腹下。

亢，鸟咙。[①]**其粮嗉。**[②]
[①]咙谓喉咙，亢即咽。
[②]嗉者，受食之处，〔四〕别名嗉，今江东呼粮。

鹊子鸡，鴽子鹌。[①]

①别鹪鹑雏之名。

雉之暮子为鸍。①
①晚生者。今呼少鸡为鸍。

鸟之雌雄不可别者，以翼右掩左，雄；左掩右，雌。

鸟少美长丑为鶹鷅。①
①鶹鷅犹留离，《诗》所谓"留离之子"。

二足而羽谓之禽，四足而毛谓之兽。

鵙，伯劳也。①
①似鶷鶡而大。《左传》曰伯赵，是。

仓庚，黧黄也。①
①其色黧黑而黄，因以名云。

释兽第十八

麋：牡麚，牝麀，其子麛，①**其迹躔，**②**绝有力，狄。**
①《国语》曰："兽长麛麇。"
②脚所践处。

鹿：牡麚，牝麀，其子麛，其迹速，绝有力，麉。

麔：牡麔，①牝麜，其子麆，其迹解，绝有力，豜。
①《诗》曰："麀鹿麌麌。"郑康成解即谓此也，但重言耳。

狼：牡獾，牝狼，其子獥，绝有力，迅。

兔子嬎，①其迹远，绝有力，欣。
①俗呼曰㹠。

豕子猪。①〔五〕豯，豶。②幺，幼。③奏者豞。④豕生三
豵，二师，一特。⑤所寝橧。⑥四豴皆白豥。⑦其迹刻，绝有
力，豟。⑧牝，豝。⑨
①今亦曰彘，江东呼豨，皆通名。
②俗呼小豶猪为豯子。
③最后生者，俗呼为幺豚。
④今豞猪短头，皮理腠蹙。
⑤猪生子常多，故别其少者之名。
⑥橧，其所卧蓐。
⑦《诗》云："有豕白蹢。"蹢，蹄也。
⑧即豕高五尺者。
⑨《诗》云："一发五豝。"

虎窃毛谓之虦猫。①
①窃，浅也。《诗》曰："有猫有虎。"

貘，白豹。①

①似熊，小头，庳脚，黑白驳，能舐食铜铁及竹骨，节强直，中实少髓，皮辟湿。或曰：豹白色者别名貘。

甝，白虎。①
①汉宣帝时，南郡获白虎，献其皮骨爪牙。

虪，黑虎。①
①晋永嘉四年，建平秭归县槛得之。状如小虎而黑，毛深者为斑。《山海经》云：幽都山多玄虎、玄豹。

貀无前足。①
①晋太康七年，召陵扶夷县槛得一兽，似狗，豹文，有角，两脚，即此种类也。或说貀似虎而黑，无前两足。

鼳，鼠身长须而贼，秦人谓之小驴。①
①鼳似鼠而马蹄，一岁千斤，为物残贼。

熊虎丑，其子狗，绝有力，麙。①
①律曰：捕虎一，购钱三千，其狗半之。

貍子隸。①
①今或呼䝿貍。

貈子貆。①
①其雌者名貔，今江东呼貉为貊狄。

貒子貗。①

①貒，豚也，一名貛。

貔，白狐，其子縠。①
①一名执夷，虎豹之属。

麝父，麕足。①
①脚似麕，有香。

豺，狗足。①
①脚似狗。

貙獌，似狸。①
①今山民呼貙虎之大者为貙豻。音岸。

罴如熊，黄白文。①
①似熊而长头高脚，猛憨多力，能拔树木。关西呼曰豰罴。

麢，大羊。①
①麢羊似羊而大，角员锐，好在山崖间。

麔，大麕，牛尾，一角。①
①汉武帝郊雍，得一角兽，若麕然，谓之麟者，此是也。麕即麔。

麢，大麕，旄毛，狗足。①
①旄毛，犿长。

魋如小熊，窃毛而黄。①

①今建平山中有此兽，状如熊而小，毛麆浅赤黄色，俗呼为赤熊，即魋也。

貙貐类貙，虎爪，食人，迅走。①

①迅，疾。

狻麑如虦猫，食虎豹。①

①即师子也，出西域。汉顺帝时，疏勒王来献犎牛及师子。《穆天子传》曰：狻猊日走五百里。

驨如马，一角，不角者，骐。①

①元康八年，九真郡猎得一兽，大如马，一角，角如鹿茸，此即驨也。今深山中人时或见之。亦有无角者。

羱如羊。①

①羱羊似吴羊而大角，角椭，出西方。

麐，麕身，牛尾，一角。①

①角头有肉。《公羊传》曰："有麕而角。"

犹如麂，善登木。①

①健上树。

貄，脩毫。①

①毫毛长。

貙似貍。①

①今貙虎也，大如狗，文如貍。

兕似牛。①

①一角，青色，重千斤。

犀似豕。①

①形似水牛，猪头，大腹，庳脚，脚有三蹄，黑色。三角，一在顶上，一在额上，一在鼻上。鼻上者，即食角也。小而不椭，好食棘。亦有一角者。

彙，毛刺。①

①今猬状似鼠。

狒狒如人，被发，迅走，食人。①

①枭羊也。《山海经》曰：其状如人，面长唇黑，身有毛及踵，见人则笑。交广及南康郡山中亦有此物，大者长丈许，俗呼之曰山都。

貍、狐、貒、貈丑，其足蹯，①其迹厹。②

①皆有掌蹯。
②厹，指头处。

蒙颂，猱状。①

①即蒙贵也，状如蜼而小，紫黑色，可畜，健捕鼠，胜于猫。九真、日南皆出之。猱亦猕猴之类。

猱蝯善援。①

①便攀援。

玃父善顾。①

①貑玃也，似猕猴而大，色苍黑，能玃持人，好顾盼。

威夷，长脊而泥。①

①泥少才力。

麕麚，短脰。①

①脰，项。

贙有力。①

①出西海大秦国，有养者，似狗，多力犷恶。

㹌迅头。①

①今建平山中有㹌，大如狗，似猕猴，黄黑色，多髯鬣，好奋迅，其头能举石擿人。玃类也。

蜼卬鼻而长尾。①

①蜼似猕猴而大，黄黑色，尾长数尺，似獭，尾末有岐，鼻露向上，雨即自縣于树，以尾塞鼻，或以两指。江东人亦取养之，为物捷健。

时善乘领。①

①好登山峰。

猩猩小而好啼。①

①《山海经》曰：人面豕身，能言语。今交阯封溪县出猩猩，状獾狙，声似小儿啼。

阙泄多狃。①
①说者云：脚饶指。未详。

寓属

豶鼠。①鼸鼠。②鼷鼠。③鼶鼠。④鼬鼠。⑤鼩鼠。⑥鼭
鼠。⑦鼩鼠。⑧鼩鼠。⑨鼥鼠，鼮鼠。⑩豹文鼮鼠。⑪鼯鼠。⑫
①地中行者。

②以颊里藏食。

③有螫毒者。

④《夏小正》曰："鼶鼬则穴。"

⑤今鼬似貂，赤黄色，大尾啖鼠。江东呼为鼪。音牲。

⑥小鼱鼩也，亦名鼨鼩。

⑦未详。

⑧《山海经》说兽云：状如鼩鼠。然形则未详。

⑨形大如鼠，头似兔，尾有毛，青黄色，好在田中食粟豆。关西呼为
鼩鼠。见《广雅》。音瞿。

⑩皆未详。

⑪鼠文彩如豹者，汉武帝时得此鼠，孝廉郎终军知之，赐绢百匹。

⑫今江东山中有鼯鼠，状如鼠而大，苍色，在树木上。音巫觋。

鼠属

牛曰齝，①羊曰齝，②麋鹿曰齸。③鸟曰嗉，④寓鼠曰
嗛。⑤
①食之已久，复出嚼之。

②今江东呼齝为齝。音漏泄。

③江东名咽为齸。齸者，齫食之所在，依名云。

④咽中裹食处。

⑤颊裹贮食处，寓谓猕猴之类，寄寓木上。

齸属

兽曰齝，①人曰挢，②鱼曰须，③鸟曰臭。④

①自奋齝。

②频伸天挢。

③鼓鳃须息。

④张两翅，皆气体所须。

须属

释畜第十九

騉騟马。①

①《山海经》云"北海内有兽，状如马，名騉騟"，色青。

野马。①

①如马而小，出塞外。

駮如马，倨牙，食虎豹。①

①《山海经》云：有兽名駮，如白马黑尾，倨牙，音如鼓，食虎豹。

騉蹄趼，善陞甗。①
①甗，山形似甑，上大下小。騉蹄，蹄如趼而健上山。秦时有騉蹄苑。

騉駼，枝蹄趼，善陞甗。①
①騉駼亦似马而牛蹄。

小领，盗骊。①
①《穆天子传》曰：天子之骏，盗骊、绿耳。又曰：右服盗骊。盗骊，千里马。领，颈。

绝有力，駥。①
①即马高八尺。

膝上皆白，惟馵。四骹皆白，驓。①**四蹢皆白，首。**②**前足皆白，騱。后足皆白，翑。前右足白，启。**③**左白，踦。**④**后右足白，骧。左白，馵。**⑤**骊马白腹，騵。**⑥**骊马白跨，驈。**⑦**白州，**⑧**驠。尾本白，騴。**⑨**尾白，駺。**⑩**馰颡，白颠。**⑪**白达素，县。**⑫**面颡皆白，惟駹。**⑬

①骹，膝下也。
②俗呼为踏雪马。
③《左传》曰："启服。"
④前左脚白。
⑤后左脚白。《易》曰："震为馵足。"
⑥騵，赤色黑鬣。

⑦骊, 黑色。跨, 髀间。

⑧州, 窍。

⑨尾林白。

⑩俱尾毛白。

⑪戴星马也。

⑫素, 鼻茎也。俗所谓漫髗彻齿。

⑬颡, 额。

回毛在膺, 宜乘。①在肘后, 减阳。在干, 茀方。②在背, 阕广。③

①樊光云: 俗呼之官府马。伯乐相马法, 旋毛在腹下如乳者, 千里马。

②干, 胁。

③皆别旋毛所在之名。

逆毛, 居駒。①

①马毛逆刺。

騋牝, 骊牡。①

①《诗》云:"騋牝三千。"马"七尺已上为騋", 见《周礼》。

玄驹, 褭骖。①

①玄驹, 小马, 别名褭骖耳。或曰, 此即騕褭, 古之良马名。

牡曰骘, ①牝曰騇。②

①今江东呼驳马为骘。音质。〔六〕

②草马名。

骊白，驳。黄白，騜。[1]骊马黄脊，騩。骊马黄脊，
騠。[2]青骊，駽。[3]青骊驎，驔。[4]青骊繁鬣，騥。[5]骊白杂
毛，駂。[6]黄白杂毛，駓。[7]阴白杂毛，骃。[8]苍白杂毛，
骓。[9]彤白杂毛，騢。[10]白马黑鬣，骆。[11]白马黑唇，駩；黑
喙，騧。[12]一目白，瞷；二目白，鱼。[13]

[1]《诗》曰："騜驳其马。"

[2]皆背脊毛黄。

[3]今之铁骢。

[4]色有深浅，班驳隐粼，今之连钱骢。

[5]《礼记》曰："周人黄马繁鬣。"繁鬣两被毛，或云美髦鬣。

[6]今之乌骢。

[7]今之桃华马。

[8]阴，浅黑，今之泥骢。

[9]《诗》曰："有骓有駓。"

[10]即今之赭白马，彤，赤。

[11]《礼记》曰："夏后氏骆马黑鬣。"

[12]今之浅黄色者为騧马。

[13]似鱼目也。《诗》曰："有驔有鱼。"

既差我马，差，择也。宗庙齐毫，[1]戎事齐力，[2]田猎
齐足。[3]

[1]尚纯。

[2]尚强。

[3]尚疾。

马属

摩牛。①犦牛。②犤牛。③犦牛。④犩牛。⑤犝牛。⑥牧牛。⑦角一俯一仰，觭。⑧皆踊，觢。⑨黑唇，犉。⑩黑眦，牰。⑪黑耳，犚。黑腹，牧。黑脚，犈。⑫其子，犊。⑬体长，牬。⑭绝有力，欣犌。

①出巴中，重千斤。

②即犎牛也，领上肉犦胅起，高二尺许，状如橐驼，肉鞍一边，健行者日三百馀里。今交州合浦徐闻县出此牛。〔七〕

③犤牛庳小，今之㹋牛也。又呼果下牛，出广州高凉郡。

④即犪牛也，如牛而大，肉数千斤，出蜀中。《山海经》曰：岷山"多犪牛"。

⑤旄牛也。髀、膝、尾皆有长毛。

⑥今无角牛。

⑦未详。

⑧牛角低仰。

⑨今竖角牛。

⑩《毛诗传》曰："黄牛黑唇。"此宜通谓黑唇牛。

⑪眼眦黑。

⑫皆别牛黑所在之名。

⑬今青州呼犊为牨。

⑭长身者。

牛属

羊：牡羒，①牝牂。②夏羊：③牡羭，④牝羖。⑤角不齐，羷。⑥角三觠，羷。⑦羳羊，黄腹。⑧未成羊，羜。⑨绝有力，奋。

①谓吴羊白羝。

②《诗》曰："牂羊坟首。"

③黑羖䍽。

④黑牝也。《归藏》曰："两壶两羭。"

⑤今人便以牂羖为白黑羊名。〔八〕

⑥一短一长。

⑦觠角三匝。

⑧腹下黄。

⑨俗呼五月羔为羜。

羊属

犬生三，猣；二，师；一，玂。①未成毫，狗。②长喙，猃。短喙，猲獢。③绝有力，狣。尨，狗也。④

①此与猪生子义同，名亦相出入。

②狗子未生㲃毛者。

③《诗》曰："载猃猲獢。"

④《诗》曰："无使尨也吠。"

狗属

鸡大者，蜀。①蜀子，雓。②未成鸡，健。③绝有力，奋。④

①今蜀鸡。

②雓子名。

③今江东呼鸡少者曰健。音练也。

④诸物有气力多者无不健自奋迅，故皆以名云。

鸡属

马八尺为駥。①牛七尺为犉。②羊六尺为羬。③彘五尺为豟。④狗四尺为獒。⑤鸡三尺为鶤。⑥

①《周礼》云:“马八尺已上为駥。”

②《诗》曰:“九十其犉。”亦见《尸子》。

③《尸子》曰:“大羊为羬,六尺。”

④《尸子》曰:“大豕为豟,五尺。”今渔阳呼猪大者为豟。

⑤《公羊传》曰“灵公有害狗,谓之獒”也。《尚书·孔氏传》曰:“犬高四尺曰獒。”即此义。

⑥阳沟巨鶤,古之名鸡。

六畜

校勘记

〔一〕鵱鷜鹅今之野鹅:经注之“鹅”,吴元恭本同,影宋蜀大字本、宋刊监本、宋刊单疏本、雪窗本作“鵞”。宋刊《释文》:“鹅,字亦作鵞。”

〔二〕鶾天鷄鶾鷄赤羽:经注之“鷄”,吴元恭本同,影宋蜀大字本、宋刊监本、宋刊单疏本、雪窗本作“雞”。

〔三〕鸉白鷢:“鸉”,雪窗本字误析为二,作“杨鸟”。

〔四〕嗉者受食之处:按,《史记·天官书》“张,素,为厨,主觞客”。司马贞《索隐》云:“素,嗉也。《尔雅》云:‘鸟张嗉。’郭璞云:‘嗉,鸟受食之处也。’”注文“受食之处”上有“鸟”字。

〔五〕豕子猪:黄侃《尔雅音训》云:“据郭注则经本无子字。王引之以为衍文,涉上兔子嬔而衍。”

〔六〕今江东呼駁马为騭:按,“駁”,宋刊《释文》作“父”,释云:“符甫反。本或作駁,俗字。”则注文当为“駁”字,吴元恭本同,影宋蜀大字本、宋刊监本、宋刊单疏本作"驳"，雪窗本作"駮"，均误，当据宋刊十行本改。

〔七〕今交州合浦徐间县出此牛：按，注文"徐间县"，宋刊监本、宋刊单疏本、吴元恭本同，影宋蜀大字本、雪窗本作"徐闻县"。汉所置当为徐闻县，则"闻"字是也。

〔八〕今人便以捍羧为白黑羊名："白黑"，影宋蜀大字本、宋刊单疏本、雪窗本、吴元恭本同，宋刊监本作"黑白"。周祖谟《尔雅校笺》云："'黑白'，宋刻十行本、邢昺单疏本及蜀本均作'白黑'。此疑影写有误。"

《国学典藏》丛书已出书目

黄庭坚词集·秦观词集　　　桃花扇 [清] 孔尚任 著
　　　　[宋] 黄庭坚 著 [宋] 秦观 著　　　　　　[清] 云亭山人 评点
李清照诗词集 [宋] 李清照 著　　古文辞类纂 [清] 姚鼐 纂集
辛弃疾词集 [宋] 辛弃疾 著　　　古文观止 [清] 吴楚材 吴调侯 选注
纳兰性德词集 [清] 纳兰性德 著　文心雕龙 [南朝梁] 刘勰 著
西厢记 [元] 王实甫 著　　　　　　　[清] 黄叔琳 注 纪昀 评
　　　　[清] 金圣叹 评点　　　　　　李详 补注 刘咸炘 阐说
牡丹亭 [明] 汤显祖 著　　　　　诗品 [南朝梁] 钟嵘 著 古直 笺
　　　　[清] 陈同 谈则 钱宜 合评　人间词话·王国维词集 王国维 著
长生殿 [清] 洪昇 著 [清] 吴人 评点

部分将出书目
（敬请关注）

周礼	三国志	金刚经
公羊传	水经注	文选
穀梁传	史通	曹植全集
说文解字	孔子家语	李白全集
史记	日知录	杜甫全集
汉书	文史通义	白居易诗集
后汉书	传习录	花间集

上海古籍出版社　　　　　《国学典藏》丛书
官方微信　　　　　　　　　官方公众号